数据经济学

(第二版)

汤珂 熊巧琴 李金璞 屈阳◎编著

DATA
ECONOMICS

Second Edition

清华大学出版社

北京

内 容 简 介

在数字化时代,数据不仅是信息的载体,更已经升华为驱动经济增长的关键要素。随着全球各界对数据价值和安全的深入关注与研究,数据经济学,以其对数据要素经济运行规律的探索为核心,逐步崭露为经济学领域的璀璨之星。本书的第二版,紧扣时代脉搏,以"数据二十条"所构建的数据基础制度为旗帜,全方位解读数据的生产、交换、分配、消费的深层机制与规律。内容覆盖数据的内涵特征、权益理论、界权实践、流通难题与模式、定价与估值、收益分配、数据市场演变与生态构建,以及数据安全和治理等核心专题。

本书封面贴有清华大学出版社防伪标签,无标签者不得销售。

版权所有,侵权必究。举报:010-62782989,beiqinquan@tup.tsinghua.edu.cn。

图书在版编目(CIP)数据

数据经济学 / 汤珂等编著. —2 版. —北京:清华大学出版社,2024.1(2025.2重印)
ISBN 978-7-302-65036-2

Ⅰ.①数… Ⅱ.①汤… Ⅲ.①信息经济学 Ⅳ.① F062.5

中国国家版本馆 CIP 数据核字(2023)第 235477 号

责任编辑:梁云慈
封面设计:李召霞
版式设计:方加青
责任校对:宋玉莲
责任印制:宋 林

出版发行:清华大学出版社
  网 址:https://www.tup.com.cn,https://www.wqxuetang.com
  地 址:北京清华大学学研大厦 A 座 邮 编:100084
  社 总 机:010-83470000 邮 购:010-62786544
  投稿与读者服务:010-62776969,c-service@tup.tsinghua.edu.cn
  质 量 反 馈:010-62772015,zhiliang@tup.tsinghua.edu.cn
印 装 者:大厂回族自治县彩虹印刷有限公司
经 销:全国新华书店
开 本:170mm×240mm 印 张:14.5 字 数:190 千字
版 次:2023 年 1 月第 1 版 2024 年 1 月第 2 版 印 次:2025 年 2 月第 2 次印刷
定 价:79.00 元

产品编号:104733-01

第二版前言

党的十九届四中全会首次将"数据"增列为生产要素,自此中国成为全球首个在国家战略层面将数据纳入生产要素的国家。"要素"是经济学概念,是指生产经营活动中的各种具有经济或社会价值的资源,而数据要素是指在数字经济运行及其市场主体生产经营过程中能够创造经济或社会价值的数据资源。数据经济指由数据要素驱动、以数据价值链为基础的新型经济形态。数据及其衍生出的数据要素、数据资源、数据资产等概念,是数据经济学研究的核心。较之于数字经济学这一内涵较为宽泛的学科,数据经济学更关注围绕数据生产、交换、分配和消费的规律和机理。最近五年内,全球范围内针对数据界权、数据流通、数据定价、数据资产、数据市场设计、数据与宏观经济、数据与金融等领域的优秀文献如雨后春笋般萌生,使数据经济学这一经济学的前沿分支日渐成形。数据经济学是研究数据要素经济运行规律的学科。

本书的第一版初稿成型于2021年末。在过去的两年内,中国的数据政策制度推陈出新,数据要素市场发展日新月异。特别是2022年12月,《中共中央、国务院关于构建数据基础制度更好发挥数据要素作用的意见》(简称"数据二十条")正式发布,要求充分实现数据要素价值,并创新地提出了新一代的数据产权制度,为深化创新驱动、推动高质量发展、推进国家治理体系和治理能力现代化提供有力支撑。"数据二十条"在数据基础制度建设、数据要素市场培育方面起到了举旗定向的作用。在这一顶层设计的指导下,理论与实践都在争先探索保障权益、合规使用的数据产权制度,合规高效、场内外结合的数据要素流通和交易制度,体现效率、促进公平的数据收益分配制度,以及安全可控、弹性包容的数据要素治理制度。在政策的引导下,国内涌现了一批数据要素市场化的先锋实践,以上海数据交易所、北京国际大数据交易所、深圳数据交易所、贵阳大数据交易所等为代表的场内市场发展壮大,由多元化的数据商和第三方专业服务商参与的合作服务型流通模式开始兴起，数据要素流通的新生态正在形成。在这一背景下，本书在进行学理探讨的同时，也纳入了中国数据要素市场培育的现状、机理及展望，力图呈现数据经济学发展全貌，并对相关理论研究、实践应用有所启迪。本书在综述既有研究的基础上，结合作者的研究心得，力求以通俗易懂和兼容并包的方式，为读者呈现这一前沿学科的基本问题和主流观点。

鉴于理论和实践的快速进展，我们在本书第二版中重构了组织逻辑，增添了新的章节内容，以求更全面地展示这一新兴学科的样貌。具体地，本书根据数据要素全生命周期的重要环节，围绕其产权界定、流通与定价三个板块的重要问题展开。第一部分"数据要素与数据权利"包含"数据要素"和"数据权利"两章。第1章明确了数据的相关概念及特征，重点介绍了数据作为生产要素的内涵；第2章结合中国的"三权分置"制度综述了数据权利理论，并简要介绍了全球主要国家及地区的界权实践。第二部分"数据流通与数据要素市场"分为"数据流通""数据定价""数据收益分配"和"数据要素市场"四章。第3章"数据流通"首先基于数据的特征归纳出数据流通过程中面临的痛难点，而后分别介绍了开放、共享和交易三种主要的流通模式；第4章"数据定价"将数据要素的使用价值解析为信息价值和知识价值，并分别讨论了数据作为信息产品的定价和作为知识产品的定价，最后简介了数据资产价值评估的方法；第5章"数据收益分配"在中国基本分配制度的框架下探析了数据要素按贡献参与分配的基本原则，并讨论了数据收益的"三次分配"；第6章"数据要素市场"论述了中国数据要素市场的培育难点，从市场参与者动力机制的角度加以分析，提出"数据要素型企业"概念内涵，最后介绍了多层次数据要素市场的宏观架构，以及数据生态等。第三部分"数据安全与数据治理"由"数据安全"和"数据治理"两章组成。第7章"数据安全"先后从数据安全技术和数据安全制度两个方面展开，结合实践前沿介绍了数据分类分级管理制度措施。第8章"数据治理"分别从微观和宏观两个视域考察了数据治理的重要议题：在微观视角下，数据资产化是企业数据管理的前沿领域，数据信托是数据治理的新型方案；在宏观视角下，算法规制、数据反垄断、隐私保护俱是数据、法律与隐私经济理论的热门话题。总而言之,在这一版中我们紧扣"数据二十条"这一基础制度提供的方向,同时努力兼顾了学理的创新性和严谨性。

本书既可作为对数据经济理论与实践感兴趣的读者的科普读物,也可以作为大学经济学专业高年级本科生或者研究生的教材或者参考书。本书共分8章,每章2个学时,共16学时。本书也适合作为"数字经济学"这门课的一部分内容进行讲授。

特别感谢国家自然科学基金重大项目(数据要素的界权、交易和定价机制设计,72192802)和国家自然科学基金应急管理项目(数据要素市场参与者的培育机制及其政策研究,72241428)对本书的支持。

与时俱进,革故鼎新。数据经济的发展创造,需要我们携手共进。

作者

2023 年 9 月 21 日

第一版前言

数字经济在中国和世界经济发展中扮演着日益重要的角色，数据的流动和交易已成为数字产业发展的基本趋势。Drucker（1992）曾提出世界经济已经从围绕物品和货币的流动转变为围绕信息的流动来组织。"数据是新的石油"已成为共识。中国信息通信研究院于 2021 年 4 月发布的《中国数字经济发展白皮书（2020）》显示，我国 2020 年数字经济增加值规模达 39.2 万亿元，占 GDP 比重达 38.6%，占比同比提升 2.4%；按照可比口径计算，我国 2020 年数字经济名义增长 9.7%，是同期名义 GDP 增速的 3.2 倍，数字经济在国民经济中的地位进一步凸显，成为疫情冲击叠加全球经济下行背景下中国经济增长的稳定动力。另一方面，中国的数据要素规模增速领先，预计 2025 年将成为世界最大的数据圈。

随着数字经济对经济增长贡献的不断增加，数据成为数字经济时代新的生产要素逐渐成为共识。Berczi, A.（1981）指出一种资源能否被视为生产要素取决于六个标准：（1）存在供给；（2）存在需求；（3）有交易价格；（4）存在相对完善的市场体系；（5）与其他生产要素结合时能够增加产出；（6）资源的贡献递减。尽管数据资源目前尚未形成完善的市场体系，也缺乏流通与交易的基本理论、定价方法，但是在大数据时代背景下，其存在丰富的供给，对数据资源的需求更是与日俱增，并且数据还能够有效提高劳动、资本、土地等传统生产要素的生产效率。另外，数据要素因其协调性、自生性等不同于传统生产要素的特性使其规模报酬可能会呈现出递增趋势（与 Berczi 的标准不同）。鉴于此，党的十九届四中全会决议将数据增列为与劳动、资本、土地、知识、技术、管理等并列的生产要素，要求"建立健全由市场评价数据要素贡献、按贡献决定数据要素报酬的机制"。

近期，国家发改委创新驱动发展研究中心（数字经济研究发展中心）与清华大学服务经济与数字治理研究院联合举办了以"数据要素市场制度体系建设"为主题的专家研讨会。该会议指出并讨论了数据资产交易面临的大量亟待解决的问题，如数据资产化的前提、数据权属争议、数据资产交易与传统商品交易的区别、数据资产交易所需要的技术支持、数据交易机制设计、数据资产价值评估方式的确立和优劣比较、数据收益的分配原则、数据交易与个人隐私保护的矛盾、数据技术标准与基础设施支撑体系等。可以说，目前数据要素市场迫切需要形成包含权利责任、技术开发、管理制度和安全保护等方面的数据治理规则与制度体系，以及与社会主义市场经济相配套的数据要素配置体制机制设计。

本书结合产业发展前沿技术和数据要素市场现状，重点讨论了数据的公平交易规则、权利配给、交易机制、定价机制、标准制定、隐私安全和基础设施支撑等方面的问题，借此以期促进数据资产的自由流动，为构建更加完善的数据要素市场化配置体制机制、促进企业充分享受数据流通红利、保障个人有效维护隐私信息安全提出具体可靠的制度设计。

本书重点研究四个问题：数据权属界定、数据交易和分配、数据技术标准与基础设施支撑体系、数据安全与发展。这四个问题涉及数据要素市场和制度体系的基础理论。第一部分数据权属界定包括数据界权的争议和如何界权两章，从科斯产权与促进交易的辩证关系出发，对数据界权的争议、目的、考虑因素展开辨析，结合西方国家和我国相关法律法规基础，根据"场景性公正"原则，对个人数据提出分别赋予数据内容提供者、数据收集者和其他数据需求者相应的有限制的分级分类数据权益；对于公共数据，其所有权归国家所有，公众对通过合法途径获取的公共数据进一步加工形成的数据产品具有"有限制的占有权"；同时，对关乎国家安全、社会秩序的重要数据，国家的数据主权应当是国家主权在网络空间的延伸，这些重要数据应当为国家所有并采取目录式、备案制等方法进行重点监管。

第二部分数据的流通从数据资产的非竞争性、低边际生产成本、可无限复制性、价值不确定性等特点出发，结合数据权属，对数据流通的难点、不同的数据流通方式、数据共享、数据资产的交易类型、数据资产交易的卖方策略及其影响因素、数据资产价值评估、数据资产收益的分配对象及分配额度等展开分析，包括数据资产及其交易、数据价值经济学和分配理论三章。

第三部分包括数据技术标准和大数据基础设施体系两章，这两章对采集、传输、处理、存储、管理、分析等数据全生命周期的技术、行业标准和大数据基础设施进行了介绍。数据技术标准一章前四节分别从大数据产品标准、大数据行业应用标准、大数据安全标准等几个方面综述大数据技术标准体系,第五节则依据数据交易过程中面临的现实困境,对现有大数据国家标准体系提出建议。大数据基础设施体系一章则基于层级观点,基于数据流通生命周期的各个阶段分别介绍了基础设施层级、计算层级和应用层级。

第四部分结合脸谱网(Facebook)"剑桥门"事件、日本信息银行、中国数据分类分级管理实践等具体案例,再次聚焦个人数权与隐私、数据主权与国家安全这两个话题。本书还对数据安全和发展进行了总结和展望。

本书既可作为对数据要素感兴趣的读者的科普读物,也可以作为大学经济学专业高年级本科生或者研究生的教材或者参考书。本书分 8 章,每章 2 个学时,共 16 学时。本书也适合作为"数字经济学"这门课的一部分内容进行讲授。

数据是数字经济的血液,利用数据人类可以创造出无尽的知识,而知识的积累是推动经济发展的源泉。本书从数据的特点出发,旨在使读者厘清数据的权属关系,理解数据交易和定价的基本原理,掌握数据经济的基本规律。

作者

2021 年 12 月 3 日

目　录

第一部分　数据要素与数据权利

第1章　数据要素 ··· 2
1.1　数据的概念与分类 ·· 2
1.2　数据的特征 ·· 5
1.3　数据作为新型生产要素 ··· 8

第2章　数据权利 ··· 14
2.1　数据权利概述 ··· 14
2.2　数据财产权 ·· 21
2.3　数据人格权与数据主权 ··· 35
2.4　主要国家数据界权实践 ··· 45

第二部分　数据流通与数据要素市场

第3章　数据流通 ··· 64
3.1　数据流通的难点 ··· 64
3.2　数据开放 ··· 67
3.3　数据共享 ··· 68
3.4　数据交易 ··· 71

第4章　数据定价 ··· 84
4.1　数据要素的使用价值 ··· 84

4.2　数据作为信息产品的定价 …………………………………… 90
　　4.3　数据作为知识产品的定价 …………………………………… 96
　　4.4　数据作为资产的定价 ………………………………………… 103

第 5 章　数据收益分配 ……………………………………………… 118
　　5.1　分配原则 ……………………………………………………… 118
　　5.2　数据收益的初次分配 ………………………………………… 122
　　5.3　数据收益的再分配 …………………………………………… 128

第 6 章　数据要素市场 ……………………………………………… 139
　　6.1　数据要素市场的基本问题 …………………………………… 139
　　6.2　数据要素市场的微观主体 …………………………………… 145
　　6.3　数据要素市场的宏观架构 …………………………………… 157
　　6.4　数据生态 ……………………………………………………… 160

第三部分　数据安全与数据治理

第 7 章　数据安全 …………………………………………………… 168
　　7.1　数据安全技术 ………………………………………………… 169
　　7.2　数据安全制度 ………………………………………………… 177

第 8 章　数据治理 …………………………………………………… 197
　　8.1　概述 …………………………………………………………… 197
　　8.2　微观视域下的数据治理 ……………………………………… 198
　　8.3　宏观视角下的数据治理 ……………………………………… 210

第一部分
数据要素与数据权利

第 1 章 数据要素

互联网与移动智能终端等信息技术的发展与普及促使全球数据量以几何级数速度增长。根据国际数据公司（IDC，International Data Corporation）预测，2025 年全球数据量将接近 175 ZB，中国届时有望成为全球最大数据圈。数据是驱动数字经济软硬件发展的原料与动力，被公认为数字经济时代的"新石油""新货币"（Keller et al.，2020）。在此背景下，党的十九届四中全会首次将"数据"增列为生产要素，《"十四五"数字经济发展规划》强调数据要素是数字经济深化发展的核心引擎，并在首份要素市场化配置文件中强调加快培育数据要素市场。

1.1 数据的概念与分类

1.1.1 数据的概念

对数据概念的剖析可从词源、内容和形式三个角度进行。从词源上看，"data"一词在拉丁语中可追溯至"to give"（给予）的拉丁过去分词"dare"（敢于），意为"被给予之物"。从形式上看，数据的记录与存储随着信息技术的发展而不断演进，呈现出虚拟化、电子化的趋势。早期的数据主要是通过口头传承或书写形式进行记录和传递，如天文历法、贸易记录等。18 世纪，统计学家开始利用数据进行社会和经济研究。彼时，数据的记录方式仍以人力为主，多以纸笔为媒介，主要发挥描述这一基本功能。

随着科学技术的不断进步，生产生活的信息化纵深发展，数据的定义也在生成与记录方式、功能与应用价值等方面发生了相应变化。如今，数据通常以电信号的形式被存储和传输，并记录在磁、光或机械介质上，计算机更是成为记录、存储、处理、分析数据的重要工具，因而加拿大、中国等国家均先后将数据定义为"任何以电子或者其他方式对信息的记录"。

从内容上看，数据被认为是信息的载体，是对事实的记录与反映。Ackoff（1989）指出，数据是未经加工的对事物、事件和活动等的记录，美国质量学会（ASQ，American Society for Quality）、《新牛津美语辞典》（NOAD，New Oxford American Dictionary）也认为数据是"一组事实"。国际数据管理协会（DAMA，Data Management International）则进一步明确了数据对于事实的呈现格式，认为数据是以文本、图片、声音、视频等格式对事实的表现。国际标准化组织（ISO，International Standard Organization）将数据定义为"以适合于通信、解释或处理的正规方式来表示的可重新解释的信息"。近年来，数字经济在全球经济的地位不断提升，社会生产生活的数字化程度持续提高，大数据、人工智能等数据分析技术逐渐成熟，数据中蕴含的信息、知识逐渐走进了学界和业界视野。许宪春等（2022）便指出数据是已记录为数字化形式的事实，且能够从中获取信息和知识。

1.1.2 与数据相关的概念

在此有必要说明数据、信息和知识之间的关系。[①] 根据"数据—信息—知识—智慧"（data-information-knowledge-wisdom，DIKW）模型（Ackoff，

---

① 叶继元等（2022）《数据与信息之间逻辑关系的探讨》指出，关于数据与信息关系的代表性观点主要有"数据大于信息说""信息大于数据说""数据与信息等同说"和"数据与信息相对说"。本文在此采纳的是在信息科学学科中获得多数研究认可的"数据大于信息说"。当然，不可否认的是，数据、信息和知识之间未必是简单的递进式逻辑关系，这些概念之间可能存在着包含与交叉，值得进一步深入研究与讨论。梅夏英（2020）《信息和数据概念区分的法律意义》在法学语境下分析了数据与信息概念区分的标准和意义，感兴趣的读者可进一步阅读。

1989),从数据到信息,再从信息到知识是逐层抽象、逐步深入的过程,前者均为后者的基础,如表1.1所示。数据是描述某种事物或现象的数字、符号或文字等信息的集合,是信息的载体或表现形式。数据本身没有意义,只有在经过处理和分析后才能转化为有用的信息。信息是从数据中提取出来的有意义的描述或解释,是对数据进行解释和解读的结果。信息具有描述、传递和解释的作用,能够提供有用的指导和决策支持。知识则是对信息的理解和应用,是融合经验、技能甚至价值观等背景信息的具有一定框架的复杂综合体(Davenport,1998)。知识是在不断学习和实践中积累得到的,是对信息的深度理解和应用。

表 1.1 数据、信息和知识概念辨析(郭琎、王磊,2021)

辨析维度	数据	信息	知识
记录事物	○	○	○
建立联系	×	○	○
提供解释	×	○	○
积累经验	×	×	○
反馈实践	×	×	○

除了信息与知识外,与数据相关的概念还有数字。时至今日,"数字"这一概念至少包括三层含义。最为熟知的"数字"是用来表示数的书写符号,如阿拉伯数字、罗马数字等。通过前文对数据概念的剖析,不难发现,此种"数字"是数据的一种表示方式。其次,"数字"还可指代"数字信号",数字化便是指将模拟信号转换成数字信号的过程。在现代信息技术中,数据的数字化已经成为一种基本趋势。数字信号是以二进制形式表示的数值序列,可以在计算机、通信设备等数字系统中进行处理、传输和存储。在数字通信中,数据经过编码、调制等处理后,被转换成数字信号,通过光纤、电缆、无线电波等介质进行传输。在接收端,数字信号经过解调、解码等处理后,还原成原始的数据信息。因此,数据和数字信号是相

互关联的，数字信号是数据在数字系统中的表现形式。此外，"数字经济"一词也扩展了"数字"这一概念的外延。数字经济是指利用数字技术和信息化手段，推动经济和社会发展的一种经济形态，包括"数字产业化"和"产业数字化"两个主要方面。其中，"数字"指的是数字技术和信息化手段在经济中的应用和作用。在数字经济时代，各行各业的一切活动和行为都将数据化。数据既是数字经济运行过程的结果，也是驱动数字经济进一步高质量发展的原料。

1.2 数据的特征

目前，大多数研究认为虚拟性是数据与传统生产要素的最主要差异（Jones and Tonetti，2020），即数据以非实体的形式存在（李海舰、赵丽，2021），而这也意味着数据需要与其他载体结合才能发挥其作为生产要素的作用，如与信息与通信（ICT）产品结合（Jorgenson and Wu，2016）。此外，与土地等传统生产要素不同，数据并不是一种自然禀赋，而是需要在信息提供者愿意的基础上，结合数据采集者的资本、劳动及特定技术，才能够获得（刘涛雄等，2023）。因而，数据是一种生成品。

从一般经济特性来看，数据具有可复制性、非竞争性和部分排他性等性质。业界证据表明，高价值数据的获得通常依赖于高效的采集方法和高性能的数据基础设施，这意味着需要高昂的前期投入（Demchenko et al.，2013；Redman，2020；梅宏等，2023）。然而，一旦数据形成，复制数据、额外使用数据的边际成本均几乎为零（Shapiro and Varian，1998）。可复制性的存在使得数据在理论上可以被无限复制和分享，这使得数据具有非竞争性（Jones and Tonetti，2020），即数据的使用不会对其他人造成损失或排斥，不同的用户可以共享同一份数据，而且可以同时使用和分析数据。Cong等（2021）、Cong等（2022）等研究认为数据的非竞争性可进一步细化为水平非竞争性、垂直非竞争性和动态非竞争性。数据的水平非竞争性，是指在同一经济中，一家企业对数据的使用并不会影响其他企业对同一数据的同时使用。数据的垂直非竞争性，是指在经济不同部门中，数据在一个部门（如生产部门）的使用并不会限制其在另一个部门（如创新部门）中的使用。数据的动态非竞争性，是指随时间推移，数据可以被多个主体以极小的复制成本使用。尽管数据具有理论上的非竞争性，但是在现实中，多数私营组织更加倾向于自留数据，而非共享数据。一方面，以数据服务公司为代表的组织可以利用数据的排他性获得收入（Varian，2018）。另一方面，以互联网平台企业为代表的不少组织也将其积累的数据视为核心竞争力，甚至是商业秘密。因而，数据在现实中也经常表现出可排他性的特点。数据的非竞争性和可排他性也使得数据成为一种准公共品。

从价值特性上看，数据具有结合性、异质性和外部性等性质。一般地，数据中的有效信息越多，数据带来的价值也将越大。Veldkamp 和 Chung（2019）的研究表明，只有当数据与其他生产要素结合之时，数据才能表现出规模报酬递增的特点。除与其他生产要素结合之外，数据这一生产要素的内部结合、组合也有望获得价值提升。这使得数据价值具有自生性（Glazer，1993）和协调性（Babaioff，2012），且在一定数量范围内，能够实现规模经济。其次，数据价值通常是异质性的。数据价值的异质性既体现在同一数据对不同使用者的价值不同，也体现在同一使用者在不同场景使用同一数据的价值不同，即数据价值存在用户异质性（Bergemann et al.，2018）和场景异质性（Short and Todd，2017）。这是由于数据的价值是由数据的使用价值决定的，数据的使用价值是否能够发挥以及能够发挥多大比例则取决于使用者的知识、技术和能力以及应用数据的具体场景。此外，数据在价值实现的过程中还可能存在外部性。这种外部性既可能是正面的，也可能是负面的，前者多见于宏观经济研究，而关于后者的讨论则集中于微观个体层面。Agrawal 等（2018）、Cong 等（2021）指出，数据有望通过促进新知识生产进而提高全社会生产效率和经济增长速度。Crémer 等（2019）指出由于数据可被复用，在平台经济模型中，对数据的访问容易转化为竞争优势，进而形成"数据—网络—活动"（Data-Network-Activities）循环的自我强化过程，实现递增的规模收益。尽管 Jones 和 Tonetti（2020）、李勇坚（2022）指出数据特性和"干中学"的网络效应能够促进数据正反馈循环的实现，但是数据正反馈循环对竞争等带来的负面影响可能会对数据规模收益递增的持续产生负面影响，使其不可持续（Yun，2020）。Farboodi 和 Veldkamp（2021）则指出由于数据反馈循环等因素的存在，可能会形成数据积累的马太效应，长期经济增长率未必会提高。Acquisti 等（2016）指出消费者通常会面对个人数据共享和隐私之间的权衡，电子商务平台在价格歧视等方面对个人数据的使用除可能会降低个人效用外，也有可能会减少整体社会福利。平台企业在从事经济活动中往往凭借其优势地位过度收集个人数据或对隐私保护并不重视，这些也都会产生负外部性（Acemogle et al.，2022；Carriere-Swallow and Haksar，2019）。

从交易特性上看，由于权属复杂、信息悖论、市场环境等问题及现状的存在，数据交易天然具有安全脆弱性，市场主体缺乏进入数据要素市场的激励。数据作为一种非自然存在的生成品，在收集、存储、处理、分析、管理及应用的过程中不可避免地会涉及多个主体，产权关系复杂，且一旦数据遭到破坏、篡改和泄露，难以进行追责。其次，数据交易还易受到买卖双方信息不对称的影响。Arrow（1972）指出数据交易可能存在着信息悖论，即买方只有在了解信息之时才能判断其价值，而当他知道信息的具体内容之时，他已经免费获得了该信息，不再需要支付对价。信息悖论的存在意味着在数据交易过程中，买卖双方均存在较强的机会主义倾向，进而扰乱市场秩序，使得数据要素市场停摆。此外，当前以数据技术标准、数据权属法律、数据交易法规等为代表的数据制度体系尚不健全，数据交易相关监管部门的缺失等因素也进一步加剧了数据交易的安全脆弱性。

1.3 数据作为新型生产要素

1.3.1 数据何以成为生产要素?

生产要素是指生产过程中所必需的各种资源,是组织生产、经济增长的重要基础。生产要素的形态、种类和重要程度会随着社会经济和科学技术的发展而不断变化,反映着人类社会不同发展阶段的生产力水平。早期,土地、劳动和资本是最为重要的生产要素。在农业经济时代,土地和劳动是最为重要的两类生产要素。然而,在人类从农业经济逐渐转向工业经济后,资本要素的重要性在生产过程中得到不断加强。进入 20 世纪,第三次工业革命带来了计算机等新技术的应用,知识、技术和管理等生产要素在经济增长中扮演着越来越重要的角色。如今,随着互联网、大数据、云计算和人工智能等技术的快速发展,数字化和信息化成为社会发展的大趋势,数据在社会生产中的地位与作用日益凸显,成为生产要素符合历史逻辑。

数据成为数字经济时代的核心生产要素不仅符合生产要素发展的历史逻辑,还具备理论科学性。佩蕾丝(2007)认为历次技术革命都会出现至少一种关键生产要素,数量丰富且获得成本低是成为关键生产要素的两个前提。显然,在技术发展、终端普及的今天,获得大规模数据十分便利,且数据的可复制性等一般经济特性也降低了数据的获得成本。同时,在摩尔定律的作用下,数据收集、存储、处理、分析和应用的成本存在进一步下降的空间(刘玉奇、王强,2019)。这些因素都解释了数据能够成为数字经济时代核心生产要素的原因。宋冬林等(2021)指出数据符合马克思主义生产要素理论的两个基本特征:(1)新的生产要素是从原有生产要素中派生的;(2)新的生产要素应当能够显著提高生产力。数据主要体现为数字化的信息和知识。信息主要包括人类信息和自然信息两大范畴,前者存在于人化自然,后者来源于自在自然,本质上都属于自然要素。知识是人类依靠智力在实践过程中对信息加工后的产物，本质上源于自然和劳动。可见，数据作为信息和知识的数字化形式，从根本上派生于自然要素和劳动要素。此外，数据对于生产力和企业生产效率的提高作用也得到了实证分析的支持（张叶青等，2021；王宏伟、董康，2022）。

1.3.2 数据如何成为生产要素？

经济学中讲的生产要素是指在生产过程中起决定性作用的资源。数据要素是指在数字经济运行及其市场主体生产经营过程中能够创造经济或社会价值的数据资源[①]。对于用数部门而言，数据要素如劳动、资本、技术等要素一般构成价值创造的必要投入。而原始数据往往无法直接使用，需要加工后才可用。并非所有的数据都可被视为"数据要素"。"要素"这一概念强调数据在生产中价值创造的能力。对于数据要素型企业而言，数据要素产品是企业的最终产物。因而，数据要素既是产成品又是投入品。从数据的属性分析，部分数据产品可直接作为最终消费产品，部分可作为生产要素继续投入生产，部分两种属性兼而有之，因此在讨论数据要素这一概念时，有必要关注其具备的"产成品"和"投入品"双重属性。

作为上游的产成品和下游的投入品，数据需要满足一定的可用性后才能够成为生产要素。原始数据如果不经过收集和清洗，便无法投入生产创造价值。因此，作为生产要素的数据是对原始数据收集、存储、分析等处理后形成的数据资源，这其中多环节的加工处理过程，是数据价值链延展的过程，也是数据的要素化过程。

数据要素化涉及盘活数据存量和激活数据增量，同时还要求将原始数据以更加有序、更为高效的方式组织起来形成高质量数据，便于后续加工、处理和分析。从技术层面来看，数据要素化过程需要进行数据采集、标注、

---

① 数据资源指企业可接触到的一切数据，往往具有实时性、碎片化特征。

汇聚和标准化等过程。数据资产化[①]则是在数据要素化基础之上，将数据纳入企业的资产项以体现其业务贡献与真实价值，并实现科学管理的过程。事实上，数据已成为互联网公司、数字技术公司的"资产"。随着数字化转型持续推进，数据资产的存有比例将持续增加，数据的资产化已成为数字经济时代不可逆转的趋势。作为最活跃的市场参与者，企业是否意识到数据应作为资产存在、是否将数据纳入财务报表、是否科学高效地管理与评估数据，在微观层面上影响企业决策与管理能力，宏观层面上则关乎到我国数据要素市场的活跃度。数据资产在国家标准中的定义为"合法拥有或控制的，能进行计量的，为组织带来经济和社会价值的数据资源"。数据资产往往是在数据资源的基础上进行加工而形成的，其侧重于数据的可控制、可计量、可使用的特征（罗玫等，2023）。数据形成资产以后，在数据价值链的各环节均有增值的可能性，这对于数字经济时代以用户数据为主的互联网企业及以物联网大数据为主的数据要素型企业充分释放价值而言尤为重要。可以说，数据资产化是数据价值化过程中的"第一次飞跃"。从应用层面看，数据资产化过程要求企业依靠自有或外购数据，通过数字技术形成以数据要素为基础的产品和服务。数据资本化是指把数据作为一种金融资产进而进行的一系列金融操作的过程，如数据入股、增信、质押等。数据资本化是数据价值化的"第二次飞跃"。在数据实现资本化后，资本市场将高度认可数据要素价值，数据要素发挥其价值的途径也将更多元。

本章参考文献

Acemoglu, D., Makhdoumi, A., Malekian, A., &Ozdaglar, A. (2022). Too much data: Prices and inefficiencies in data markets[J]. *American Economic Journal: Microeconomics*, 14(4), 218-256.

Ackoff, R. L. (1989). From data to wisdom[J]. *Journal of Applied Systems Analysis*, 16(1), 3-9.

---

① 本书所讲的数据资产是指企业层面、会计意义上的数据资产。

Acquisti, A., Taylor, C., & Wagman, L. (2016). The economics of privacy[J]. *Journal of Economic Literature*, 54(2), 442-492.

Agrawal A, McHale J, Oettl A, (2018). Finding needles in haystacks: Artificial intelligence and recombinant growth[M]//*The economics of artificial intelligence: An agenda.* University of Chicago Press, 149-174.

Arrow K. J., (1972). *Economic Welfare and the Allocation of Resources for Invention*[M]. Macmillan Education UK.

Babaioff, M., Kleinberg, R., & Paes Leme, R. (2012, June). Optimal mechanisms for selling information. In Proceedings of the 13th ACM Conference on Electronic Commerce (pp. 92-109).

Bajari, P., Chernozhukov, V., Hortaçsu, A., & Suzuki, J. (2019, May). The impact of big data on firm performance: An empirical investigation. In AEA papers and proceedings (Vol. 109, pp. 33-37). 2014 Broadway, Suite 305, Nashville, TN 37203: American Economic Association.

Berczi, A. (1981). Information as a Factor of Production[J]. *Business Economics*, 14-20.

Bergemann, D., Bonatti, A., & Smolin, A.(2018). The Design and Price of Information[J]. *American Economic Review*, 108(1): 1-48.

Carriere-Swallow M. Y., Haksar M. V., (2019). *The Economics and Implications of Data: an Integrated Perspective*[M]. International Monetary Fund.

Cong, L. W., Wei, W., Xie, D., & Zhang, L. (2022). Endogenous growth under multiple uses of data[J]. *Journal of Economic Dynamics and Control*, 141, 104395.

Cong, L. W., Xie, D., & Zhang, L. (2021). Knowledge accumulation, privacy, and growth in a data economy[J]. *Management Science*, 67(10), 6480-6492.

Crémer, J., De Montjoye, Y. A., & Schweitzer, H. (2019). Competition policy for the digital era. Report for the European Commission.

Davenport T. H., & Prusak L. (1998). *Working Knowledge: How Organizations Manage What They Know*[M]. Harvard Business Press.

Demchenko, Y., Grosso, P., De Laat, C., &Membrey, P. (2013, May). Addressing big data issues in scientific data infrastructure. In 2013 International conference on collaboration technologies and systems (CTS) (pp. 48-55). IEEE.

Drucker, P. (1992). The New Society of Organizations[J]. *Harvard Business Review*,20, 281–293.

Farboodi, M., & Veldkamp, L. (2021). A model of the data economy (No. w28427). National Bureau of Economic Research.

Glazer, R. (1993). Measuring the value of information: The information-intensive organization[J]. *IBM Systems Journal*, 32(1), 99-110.

Jones, C. I., & Tonetti, C. (2020). Nonrivalry and the Economics of Data[J]. *American Economic Review*, 110(9), 2819-2858.

Jorgenson, D. W., & Vu, K. M. (2016). The ICT revolution, world economic growth, and policy issues[J]. *Telecommunications Policy*, 40(5), 383-397.

Keller, S. A., Shipp, S. S., Schroeder, A. D., & Korkmaz, G. (2020). Doing data science: A framework and case study[J]. *Harvard Data Science Review*, 2(1).

Redman, T. C. (2001). Data Quality: The Field Guide[M]. Digital Press.

Shapiro, C., & Varian, H. R. (1998). Versioning: the smart way to[J]. *Harvard business review*, 107(6), 107.

Short, J., & Todd, S. (2017). What's your data worth?[J]. *MIT Sloan Management Review*, 58(3), 17.

Varian H., (2018). Artificial intelligence, economics, and industrial organization[M]//*The Economics of Artificial Intelligence: an Agenda*. University of Chicago Press: 399-419.

Veldkamp, L., & Chung, C. (2019). Data and the aggregate economy[J]. *Journal of Economic Literature*, forth coming. https: //www.aea web.org/article?id=10.1257/jel.20221580&&from=f.

Yun, J. M. (2020). The Role of Big Data in Antitrust. The Global Antitrust Institute Report on the Digital Economy, 7.

郭琎、王磊. 2021. 科学认识数据要素的技术经济特征及市场属性[J]. 中国物价，第5期.

何伟. 2020. 激发数据要素价值的机制、问题和对策[J]. 信息通信技术与政策，第6期.

胡锴、熊焰、梁玲玲、邵志清、汤奇峰. 2023. 数据知识产权交易市场的理论源起、概念内涵与设计借鉴[J]. 电子政务，第7期.

黄丽华、郭梦珂、邵志清、秦璇、汤奇峰. 2022. 关于构建全国统一的数据资产登记体系的思考[J]. 中国科学院院刊，第10期.

卡萝塔·佩蕾丝. 2007. 技术革命与金融资本：泡沫与黄金时代的动力学[M]. 北京：中国人民大学出版社.

李海舰、赵丽. 2021. 数据成为生产要素：特征、机制与价值形态演进[J]. 上海经济研究，第8期.

李勇坚. 2022. 数据要素的经济学含义及相关政策建议[J]. 江西社会科学，第3期.

刘玉奇、王强. 2019. 数字化视角下的数据生产要素与资源配置重构研究——新零售与数字化转型[J]. 商业经济研究，第16期.

罗玫、李金璞、汤珂. 2023. 企业数据资产化：会计确认与价值评估[J]. 清华大学学报（哲学社会科学版），第5期.

梅宏、杜小勇、金海、程学旗、柴云鹏、石宣化、靳小龙、王亚沙、刘驰. 2023. 大数据技术前瞻[J]. 大数据，第1期.

梅宏.2022.数据如何要素化：资源化、资产化、资本化[J].施工企业管理，第12期.

屈阳.2023.数据要素的特征与定价方法研究[D].北京：清华大学.

宋冬林、孙尚斌、范欣.2021.数据成为现代生产要素的政治经济学分析[J].经济学家，第7期.

王宏伟、董康.2022.数据要素对企业发展的影响——基于云计算行业197家上市公司实证分析[J].东岳论丛，第3期.

许宪春、胡亚茹、张美慧.2022.数字经济增长测算与数据生产要素统计核算问题研究[J].中国科学院院刊，第10期.

张叶青、陆瑶、李乐芸.2021.大数据应用对中国企业市场价值的影响——来自中国上市公司年报文本分析的证据[J].经济研究，第12期.

第 2 章 数据权利

2.1 数据权利概述

2.1.1 数据权的范式嬗变

在"数据产权"模式确立之前,我国维护数据权益的途径主要包括刑法、反不正当竞争法等行为规制模式,著作权、知识产权、合同权等赋权模式,以及数据权、数据权利的"权利-权力"范式。

在数据权利尚未被明确提及、确认和普及之前,行为规制模式是保护个人数据权益的主要解决思路。虽然"个人敏感信息"一词并未直接出现在《中华人民共和国刑法》(以下简称《刑法》)中,但《刑法》对窃取、购买、非法提供信用卡信息(第177条),伪造、更改、买卖身份证件(第280条)等罪行均进行了禁止和规定。此外,《中华人民共和国民法典》(以下简称《民法典》)、《中华人民共和国电子商务法》(以下简称《电子商务法》)、《中华人民共和国反不正当竞争法》(以下简称《反不正当竞争法》)等,也为个人信息中具有知识产权的特定内容的保护方式提供了法律依据。但是完全按照行为规制模式来解决合法数据持有者之间的数据权属争议,存在覆盖不足、执法频繁等问题,随着大数据时代的到来,并不能完全与无处不在的个人数据保护需求相匹配。

相对于行为规制模式的防御性保护,合同赋权因其灵活性被广泛应用,但合同赋权存在不公正且难以有效促进数据流转和安全的问题。由于数据权利化难以实现，数据具有非客体性，部分学者认为数据交易宜主要由合同法来完成实施和争议解决。理论上，合同权利建立在双方知情同意的基础上，但额外的信息成本和执行成本却使得个人维权捉襟见肘，且抑制了数据在企业间的流动性（梅夏英，2016）。首先，与平台签订协议时，消费者一般只有两个选择，要么接受协议并出让个人信息，要么拒绝协议但不使用该产品，在替代品有限的情况下，协议的签订并不构成公平基础。同时，知识和信息的不对称性，使消费者并不能像合法数据持有者一样，拥有准确解读协议的能力，或拥有对协议内容的最后解释权。而诉讼的正外部性、高额诉讼费用和数据转售过程的不可追溯性，也带来集体行动和事后追责的困难。合同的相对性则使其所规定的数据权利受到签约对象的限制，不利于作为商品的数据权的广泛流通（Kerber，2016）。

随着大数据时代的来临，个人更为看中对个人数据的知情、控制和遗忘等权利，"数据权"逐渐替代单纯的互联网"隐私保护"并成为独立的话题。Silva在向英国执政党提交政策报告时，首次提出公共"数据权"（rights to data），呼吁允许公众访问公共数据集。后经总统卡梅隆、女王等肯定逐渐被认可为信息时代的公民权利（涂子沛，2012）。此处的 *Rights* 意为"权利"，后续研究所提及的"数据人格权"或"数据财产权"指代的均是不同于"权力"（power）的权利（郭瑜，2012）。

鉴于传统的行为规制和赋权模式不能独立、有效地保障数据要素的流动和安全，能够兼顾财产规则、责任规则、不可剥夺规则等优势（Calabresi and Melamed，1972），并有机结合数字经济的"效率"要求和数据安全的"公正"要求的"数据产权"界定成为解决该问题的新方向。根据科斯定理，当没有交易成本时，产权的初始界定并不重要，相关市场主体会自行纠正无效率的产权配置；当交易成本为正时，产权的初始配置将影响权利的最终配置，可能会导致非帕累托最优的资源配置，此时如何界权应该取决于谁使用该资源能使总产值最大（Coase，1960）。在存在交易成本的前提下，合理的初始产权配置是保障数据资源配置有效性的必要条件（罗必良，2017）。因此，尽管部分研究认为数据的非竞争性意味着"数据访问"比"所有权"更重要（Varian，2018），但由于真实世界存在大量流通摩擦，数据的权利界定事实上将影响"数据访问"。

2.1.2 数据产权的相关理论

1. 数据产权理论分类

黄丽华等（2023）将主流的数据产权理论分为：实用主义、赋权主义、结构主义和创生主义。

实用主义者认为，产权制度设计应专注于降低成本和提高效率，而产权归属本身并非关键因素。一些学者，如梅夏英（2016）和戴昕（2021），认为明确的数据产权很难实现，因此应该采用模糊的产权概念，探索最佳的数据使用规则。刘涛雄等（2023）提出了一种观点，即数据的初始产权应归属于参与生成过程的主体，然后通过分级授权的协商机制来实现数据确权。

赋权主义者认为，现有的权利类型无法满足数据要素流通交易的需求，因此主张赋予新的权利类型。例如，龙卫球（2018）认为应该确立新型的数据财产权，以实现企业参与数据市场的激励功能。张新宝（2023）则认为中央关于数据资源分类和数据权利分置的意见，确立了"人财两分"的制度安排思路。数据财产权作为民事主体基于数据享有的权利，具有财产性、对世性、有限支配和有限排他的基本属性。权利人享有包括利用、收益、占有和处分在内的各项权能。这些指导方针和原则为确立数据的所有权和使用权提供了指导，并为确权的程序和内容提供了理论和法律依据。

结构主义者认为，数据确权需要平衡各方的利益，因此主张多方共同拥有数据或对数据产权进行分割。王利明（2012）、申卫星（2020）和许可（2021）等学者都支持这种观点。连玉明主编的《数权法1.0》和《数权法2.0》提出，数据资产权属已经进入了"后所有权时代"：数据产品上附着的权益可以不等同于所有权，数据流通可以在数据资产的所有权不参与交易的情况下，通过数据的分销权、使用权、收益权等进行转让和授权。首先，数据作为一种非实物的资源，在一定程度上具有非竞争性，其价值并不会因为使用而减少，相反，它可能通过使用次数的增多而产生更高的价值。基于此，《数权法1.0》中提出，数权有必要突破"一物一权"和"物必有体"的局限，可以体现为"一数多权"。其次，由于数据具有人格属性，因此数据主体依法享有自由权、名誉权、隐私权、信息权不受侵犯的防御性权利。另一方面，数据是一种有价值、可定价的资源已经成为全社会的共识，因此，数据具有财产属性，故数据权体现了人格权和财产权的双重属性。最后，共享权是数权的本质[①]，共享经济下所有权和使用权分离成为流行的商业模式，鉴于数据本身可以无限复制且不会损害数据的内容，通过数据共享（让渡部分使用权促进数据资源的开发和利用）才能够充分实现数据的价值。

黄丽华等（2023）认为，"数据二十条"提出的"数据产权结构性分置"实质上是立法者在数据要素流通的关键节点上，为促进数据流通和使用而创设了市场主体的特定数据产权，兼具了以上三种路径的优点，在实现数据流通和平衡各方利益方面具有潜力。熊巧琴和汤珂（2021）认为，应该根据 Nissenbaum（2010）提出的场景性公正（contextual integrity）原则界定和创设各数据主体的数据产权。结合具体的情景、参与者、数据特点、流通原则，以及场景中各方的合理预期，如果新的信息流不违背该场

[①] 参见贵阳智库：《数权法1.0》书评之七十六，解决数据权属问题的理论基础，https://mp.weixin.qq.com/s/ypuT3SufWkTV6_IdyPY-6Q。

景下传统的民主公平规范，或者能更好地实现该场景的价值，那么便应当确定相关主体的数据权益。

2. 场景性公正原则

Nissenbaum（2010）出版的 *Privacy in Context* 一书中提出"场景性公正"原则，将隐私保护置于具体的不同场景下来讨论，即要在具体场景中实现个人数据的合理流通。该思想得到了许多学者和民众的认可，其理论中的"尊重场景"（respect for context）原则甚至成为《消费者隐私权利法案》的指导思想。

在书中，作者将隐私权作为一种控制权和限制或约束他人获取信息的权利进行比较，对个人隐私的控制是否适当取决于情景、信息类型、信息内容、发送者和接收者等具体的对象，其前提假设是将任何不同于传统规则的新的信息流形式所带来的新的隐私挑战置于与传统的公正原则的比较下进行评估，以总体上倾向于不违背传统公正原则为依据，这是因为人们公平感的建立多依赖于数年来生活在其中的传统道德、法律等普世的约束。

根据"场景性公正"原则，对新的信息流下的新做法是否威胁人们的隐私权，评估关键参数集中于情景、参与者、特点和流通原则等。其评判流程主要分为以下几步：

首先，提取产生争议的信息流中的关键场景和主要情况，将其与人们熟悉的信息流场景进行比较，分析看哪些因素是相同的，哪些因素是在新的信息流中所独有的。例如，一项在数字医疗中可能产生的隐私纠纷，首先便可根据公众所熟知的普遍性提取普遍性框架。又如，"医疗保健"场景，则可以根据嵌套在其中的文字进行推断。

其次，寻找关键参与者。确定新的做法是否会改变谁接收信息（接收者）、信息是关于谁的（主题）或谁传递信息（发送者）等传统/默认信息传输场景下的参与者，根据参与者的变化，新信息流场景下的对象及其关系也可能会产生新的变化。

再次,确定哪些特点受到影响,找到适用的信息化规范和标识,将这些改变的特点和成为共识的传统型的规范与标志进行比较分析。

从次,确立传播原则的变化,这是比较分析重要的出发点,新的信息流往往在有别于传统规范的信息传播原则下流通,这些差异都需要纳入评估体系之中。

最后,再对所面临新信息流下的隐私风险进行初步评估,并对与传统的规范、公正原则形成冲突的地方进行打标。常见的冲突来源往往是上述几方面中的一个差异或更多的关键参数的差异,违反人们根深蒂固的信息规范和公平原则,将产生场景性公正受到侵犯的初步判断。

评估 I:考虑新信息流的影响。可以尝试询问以下问题:新信息流的危害可能是什么?可能会对权力结构产生什么影响?正义、公平、平等等现有的规范会受到影响吗?同时,证明新信息流下操作决策的合理性同样重要。在某些情况下,结果可能会压倒性地接受或拒绝所研究的新信息流所在的系统或实践;在某些有争议的案例中,部分问题还需要进一步考虑。比如,在商业市场的背景下,评估将需要回答一系列关于新的信息流模式如何重新配置消费者和商家之间关系的关键方面的问题:例如,它是否给一方或另一方不公平的优势?这种重新绘制的关系是否破坏了场景本身的价值、结果和目的?流量的改变是否会提高商家的效率?如果是这样,对消费者也有好处吗?越来越多的审查是否会导致社会总福利受损?把保密方面的自由和利益与新的信息流下的新参与者(例如,搜索公司自行决定的支持开放共享方面)的自由和利益进行比较,若前者比后者更重要,这些自由和利益在关键价值观、目标和目的的基础上占上风,那么就应当选择在新的信息流下进行保密。

评估 II:考虑新信息流如何直接实施。场景本身的价值观、目标和背景目标是什么?根据场景的价值,考虑其道德含义或政治因素、目的、结果。换句话说，比如，新信息流对人的隐私、自主性和自由性有什么危害或威胁，以及在这种情况下，"正义"和"公平"意味着什么？新信息流是否能有利于实现这些场景的价值？Nissenbaum（2010）在书中，还提到了具体的做法，"不去直接权衡不同选择/新老两种信息流所提供的价值和目的的优劣，而应根据它们对网络搜索的重要性来考虑它们；也就是说，在这样或那样的规范下，同一个场景的目标、目的和价值会变成什么"，因为，如果没有明确的方法来支持与潜在因果理论相关的统计数据，那些基于这些数据而被拒绝的人就会遭受任意的歧视，这不比斯特拉希莱维茨所谓的"老备选者"好多少。这一轮评估也可以看成是对"机会成本"的考量，在一个隐私被要求理解和保护的领域中网络可能实现的结果、目的和价值的考量。在这一轮的评估中，"那么，是应该对这些隐私进行严格保密，还是让位于其他原则呢？"等问题将被回答。

根据上述一系列的调查结果，场景公正性将对当前所争议的信息流所在的系统或做法是否威胁隐私提供支持或反对的建议（在极少数情况下，结果仍有可能被污染）。总而言之，场景性公正原则抓住了人们对个人信息流动的反应中复杂而微妙的变化，尤其是可能激起人们的愤怒的那些变化和价值评判所在。

正如前文所言，"场景性公正"原则本质上倾向于实践那些已经根深蒂固的规范，因为这些规范、标准已经培养、浸润了人们的公平公正感。但并不是所有与传统价值观、规范冲突的新做法和实践都会威胁人们的隐私，那么如何允许有一些合情合理合法但却偏离传统规范实践的案例呢？"场景性公正"原则评估 II 推荐的方法是，将根深蒂固的规范实践与新的替代或竞争的实践进行比较，其比较基础是每一种实践在支持、实现或促进相关场景价值方面的有效性。也就是说，如果新的做法能更好地实现该经典场景下原有根深蒂固的规范本来想要去实现的目标，那么应该毫无保留地去接受新的做法。比如，使用种族、性别和民族作为决策标准的做法可能达到进步，但如果不加批判地就将其嵌入传统规范中的决策标准，即使它们的历史相对较短，事实上社会也不会取得进步。

在"场景化"保护个人数据权利中，值得探讨的还有丹尼尔·索洛夫（Daniel Solove）的隐私分类理论。他指出隐私并不存在核心或本质特征，每个人对隐私的定义和边界感知都不尽相同，保护隐私实际上是保护具体场景下的某些个人权益不受侵犯。对这一点，Ari Ezra Waldman 教授也指出隐私的本质在于信任，其权利的边界将会随着场景的不同而发生变化。

虽然 Nissenbaum（2010）最终并没有得出足够简单的方法进行选择，但它提供的"场景性公正"框架，将场景的价值（目标或目的）放在最重要的位置，理解信息流动的规范与社会背景的价值、目的和目的相关的方式，对于判断新流动是否可接受是至关重要的，如果不能，就构成了拒绝变化和支持根深蒂固的规范的理由。"场景性公正"的本质核心在于能抓住人们在复杂的人际关系网络中分享和隐瞒某些类型信息的微妙方式，依照属性分析标准的公平性如何与新信息流的决策相关，继而分析这些新决策对环境本身的价值、结果和目的的影响，从而决定是否要采纳新的信息流方式。通过场景公正来决定权属界定中谁的利益期待应当被优先满足，在充分保障个人数据隐私的前提下，注重促进数据的共享与互联互通，如此才可能真正发挥大数据的优势和价值。

2.2 数据财产权

党的二十大报告提出深化要素市场化改革；2022 年 12 月，中共中央国务院发布"数据二十条"，明确提出要构建数据产权结构性分置制度。张新宝（2023）认为"结构性分置"是指根据数据要素的性质、价值创造方式，界定数据收集（持有）、加工、使用等环节中各主体所享有的相应财产权益，以加强对数据要素权益的保护，并推动数据要素的充分利用。通过将不同环节和主体之间的权益关系进行划分和协调，旨在建立一个稳定、公正的数据生态系统，确保数据要素的合理使用和价值实现，并为各个主体提供明确的权益和责任，从而促进数据要素的有效流通和利用，为数据产业的发展和创新提供有力支持。

2.2.1 财产权的发展

"数据产权"包括数据财产权和基于数据交易、利用等产生的民事主体之间的债权。狭义财产权主要涵盖持有、使用、获取收益等权益的财产权利。在财产权的演进过程中，其范围不断扩展，从最初以动产为主的物权发展到包括不动产在内的全面物权确立阶段。随着社会的进步，知识产权开始发展并得到加强保护，其中包括了作品、专利、商标等无形财产的保护。当前，数据财产权作为一个新兴领域正在崛起，它为数据的持有者提供了法律上的保护，使其能够享有数据的收益和权益。这种发展反映了社会对数据价值认知的变化和对数据权益保护的需求。

在古代社会，财产权的客体最初主要限于动产，随着生产力的发展，不动产如土地逐渐成为财产权的对象。经过演进，物权权利体系形成了以所有权为核心的物权客体体系，其中农业生产力的发展对于物权客体的演进起到了决定性作用。种植业生产力的进展使得单个家庭能够独立耕种和利用土地，这也导致家庭与土地相互依存，使家庭成为创造财产的组织。在这种背景下，土地归属于氏族或公社共有的制度逐渐演变，土地等不动产逐渐确立为物权客体。物权（所有权）在权利效力上具有绝对的支配性和排他性，而物权保护方式的重点是维持权利人对实体物的实际控制。

随着欧洲商业的复兴和手工业的发展，知识产权制度开始萌芽。工业革命后，科学技术的广泛应用和知识产权的认可导致无形财产属性的智力成果被越来越多的人所接受。然而，知识产权在权利效力和保护方面与传统的物权存在差异，因为智力成果具有无形性，对其支配表现为认识和利用，而非具体控制；同时特定主体的利用不会影响其他主体的利用（相对支配性与相对排他性）。因此，知识产权的保护依赖于公共权力的介入，包括知识产权法和反不正当竞争法的保护。

综上可以得出以下认识：首先，不应将绝对支配性或绝对排他性作为定义财产权的标准。其次，为了最大限度发挥财产的经济价值和社会效用，财产权的保护方法必须与财产权客体的性质相适应，以促进不同主体对财产的多元化利用。这意味着保护方法需要根据不同的财产类型和社会需求进行灵活调整（张新宝，2023）。

2.2.2 数据财产权

1. 数据财产权的属性

历史上的财产权发展经验表明，财产权制度可以随着人类社会的发展和进步而不断修正，以适应实际需求和价值取向。《"十四五"数字经济发展规划》指出数据要素是推动数字经济深化发展的核心引擎。数据的乘数效应不断凸显，成为时代特征突出的生产要素。确立数据财产权制度成为信息时代社会生产力发展的客观需求和必然结果，有利于为推进国家数字经济发展和国际数字经济贸易关系提供基础的制度保障。

数据财产权是一种与物权和知识产权并列的新型财产权利，具有以下基本属性（张新宝，2023）：首先，数据财产权具有财产权的普遍特征。与物权和知识产权类似，数据财产权保护的是权利人所享有的财产利益，而不是人身权益。其次，数据财产权具有对世性。这意味着它对权利主体以外的其他民事主体具有效力，也具有公示和公信的属性。数据财产权的公示方式包括但不限于登记、交易转移占有、区块链分布式存储等。随着网络信息技术、大数据、人工智能和区块链技术的发展，公示方法将不断多元化和规范化。再次，数据财产权具有一定的支配性。数据财产权的支配性表现为权利主体对数据具有物理上的控制和管理权,但这种支配一定程度上受制于个人的个人信息保护权,如查询、复制、删除、更正、转移等权利。最后,数据财产权具有一定的排他性,主要体现在对他人侵犯、窃取和破坏的违法禁止,但不会排斥其他主体通过合法方式获得相同或相似的数据。

2. 数据产权的结构性分置制度

《关于构建数据基础制度更好发挥数据要素作用的意见》明确指出,要探索数据产权结构性分置制度,建立公共数据、企业数据、个人数据的分类分级确权授权制度,建立数据资源持有权、数据加工使用权、数据产品经营权等分置的产权运行机制。"结构性分置"意为根据数据要素的性质和数据价值创造方式,界定公共数据、企业数据和个人数据在收集(持有)、加工、使用等环节中各主体所享有的相应数据权益,以加强对数据要素权益的保护,并推动数据要素的充分利用。由于企业数据的产权界定争议较小,后续两节将分别针对公共数据和个人数据展开分析。

(1) 公共数据

公共数据是指在党政机关、企事业单位依法履职或提供公共服务的过程中生成的数据。[①] 尤其是在专业领域、提供公共服务的事业单位和企业所持有的公共数据,具有直接、专业、生动、真实等特点,将这类公共数据资源要素化至关重要。对一般定义的公共数据(非广义数据)的所有权归属存在一定的争议。例如,早期有观点认为公共数据的所有权归国家所有,各级政府部门只是代行国家的储存、管理、利用的职能,目前的主流观点则更倾向于支持由地方政府拥有其持有公共数据的绝大部分权能,不同的层级机构持有本层级的数据资源,国家则拥有最终的控制权。

关于公共数据的另一种观点为"数据属于公众所有"。后一种观点认

---

① 广义的公共数据除了来源于政府、事业单位等的公开数据,还可能来源于大自然。

为，介入互联网的数据具有绝对的公共属性，不属于任何私人或企业。支持"数据公众所有论"的学者和理论主要有哈佛大学法学院的Laurence Tribe教授、网络法学者Orin Kerr教授等。他们认为，数据的本质是一种言论，言论的本质就在于开放、流动和共享，因此数据访问权是一种言论自由的权利，受到美国《宪法》的保护。奥巴马在其任期第一天签署了《透明和开放政府备忘录》（Memorandum of Transparency and Open Government），要求开放政府数据等。我国的互联网评论家方兴东也从互联网的TCP/IP协议、网络治理机制等角度出发，提出互联网拥有"开放、共享、自由、平等的核心价值观和技术规则"与"无歧视、无选择、无条件的互联互通"。在这种国家所有数据资源的观点下，有学者呼吁做出相应的制度安排，比如对数据经营者设定"一般行政许可"，并对特定规模的市场经营者征收"数字税"，通过国家的公共财政"反哺"公众。[①] 但此种观点更多是作为数据具有公共属性的说明，并没有成为主流意义上的数据财产权归属结论。

公共数据通常具备公共性、开放性、价值性和安全性等属性。其中，公共数据主要来自党政机关和企事业单位履职和提供公共服务的过程。合法、安全、公平地开放公共数据并高效利用其数据资源是推动数字经济发展的重要方面。在开放公共数据时，需要遵守与个人信息保护和国家安全相关的法律规定，确保开放过程合理有序、公开透明、公平公正。国家机关等相关机构开放公共数据，自然人、法人或其他公众群体获得授权后，可享有授权范围内的持有、使用或经营公共数据产品的相应权利。

近年来，我国对政务公开的要求、各地政府大数据平台的建立体现了对公民知情权的尊重，政府数据共享、开发则强调政府数据的互通和数据

---

① 参见张玉洁：国家所有：数据资源权属的中国方案与制度展开，政治与法律编辑部，https://mp.weixin.qq.com/s/lVfBassPUdsuK38vuB0JQA。

价值的进一步开发，但对公共数据的利用则应具有一定的限制条件[①]，例如需得签订使用条款合约、遵守保密条款、促进公众使用和福利增加等。例如，刑事案件的罪犯公开数据往往也属于公共数据，但公众对其的使用并不是完全没有限制的。有研究者提出，对公共数据的开发和使用不应当是无偿的，无偿将明显有利于具有资本和专业知识的大型企业，政府应当将这从政府数据交易中获取的收益重点用于数字经济的再分配。[②] 也有学者提出，由于公共数据产生的财产收益理论上应当归属于社会公众，因此公共数据应采取免费开放策略。具体实施可以根据公共数据的使用目的进行分析，如果是基于公共利益、教育、科研等公共基础设施的应用，可以免费；但是，如果将公共数据用于商业用途，则有必要通过对企业收费，进而通过再分配使得公众共享公共数据的收益。

公共数据的开放和共享为公共数据的合理利用提供了空间，企业和个体对合法获得的公共数据权应承担相应的责任义务。比如，在疫情期间，感染人群的活动轨迹、位置等必要且匿名公开的数据属于公共数据，但公众在使用、传播该公共数据的过程中必须受到维护公民个体隐私的限制。2020年12月初，通过对疫情防治公开数据的再度识别，继而泄露成都新冠病毒确诊女孩隐私的男子便被警方处罚。[③]

（2）个人数据

根据数据资源经济收益的分配由价值贡献决定的原则，个人数据的产权配置应当以价值贡献为基础，同时在对权益份额进行配置的时候，需要考虑来源正当性、可行性、交易成本、社会公共利益实现等因素。具体而

---

① 参见赵碧凡：论中国政府数据开放的专门立法与增益保护，清华大学智能法治研究院，https://mp.weixin.qq.com/s/1X8kXuhZhU0y-1XlKfqdHA。
② 参见中澳大数据研究院：政务数据资源的权属界定研究，https://mp.weixin.qq.com/s/A-_Cj5zZZA1UyqepGGKs6w。
③ 参见澎湃新闻：男子泄露成都确诊女孩隐私信息，被警方处罚，https://m.thepaper.cn/newsDetail_forward_10350647。

言，数据界权至少需要平衡个人、企业和国家三方面的核心利益期待：公民对个人敏感信息、隐私数据不被泄露和滥用的期待；企业通过合法合规采集、使用、交易数据等创造经济价值的期待；国家对数据拥有一定的控制力、切实保障国家安全的期待。数据权属的分配、收益份额的确定，只有在满足以上平衡之后，才能实现保护数据安全的同时促进数据价值开发的目标。熊巧琴和汤珂（2021）认为，应该根据 Nissenbaum（2010）提出的场景性公正原则界定和创设各数据主体的数据产权。结合具体的情景、参与者、数据特点、流通原则以及场景中各方的合理预期，如果新的信息流不违背该场景下传统的民主公平规范，或者能更好地实现该场景的价值，那么便应当确定相关主体的数据权益。由于数据要素的人格化禀赋效应[①]（Thaler，1980；Radin，1982）、低复制成本，且强势一方（比如平台）很容易通过合同、协议将个人数据权低价甚至免费"交易"到自己手中，赋予个人绝对权利并不能有效保障个体的数据隐私和安全，且不利于数据要素及其产品的租赁和流通。为了解决个人和数据平台的激励问题（Admati and Pfleiderer，1988）和信息悖论问题（Arrow，1962），同时避免数据滥用和垄断，应当针对不同隐私和风险级别的个人信息，给予数据生产者（自然人）不同级别（可通过行使数据人格权需满足不同条件的方式来体现）的拒绝权、可携权、获取收益等数据权，赋予数据持有者（例如数据收集者、设备生产者等）有限制的持有权、使用权和经营权等。美国在不同行业分别制定隐私法，如《财务隐私法》《公平信用报告法》《有线通信信息法》《健康保险携带和责任法》等，并与数据市场自由流通相结合，实际上便体现了分类分级的隐私保护，同时鼓励数据实用性的思想。

建立个人数据的分类分级确权授权制度是"数据二十条"的重要内容，同时还明确指出应认可和保护数据来源者和数据处理者的合法权益，包括

[①] 禀赋效应是指个人一旦拥有某项物品，那么他对该物品价值的评价要比未拥有之前大大提高。

数据来源者的知情同意、获取、复制转移等数据权利，以及数据处理者的持有权、使用权和经营权等。

1）考量因素

数据原始收集者的数据权益需要考虑以下几个方面：首先，如果数据包含了个人信息，个人基本的数据权益需要得到保护，企业的数据权益不能损害到个人；其次，数据原始收集者在收集和整理过程中付出了相应的劳动，也对个人支付了相应的对价或经济补偿，而且将数据文件的权属划归企业可以通过其集中整合运用进一步提高效率，因此，企业应当享有其收集数据的相应权益；最后，平台数据可能包含了一些具有较强公共属性的公开数据，或者平台的数据利益期待和个人有所冲突，但个人和企业都不具有独占性权利，不能独立完全决定数据的权属配置。因此，数据原始收集者的数权配置高度依赖于具体场景，根据"场景性公正"原则，实现个人数据隐私保护和权益、企业数据权益与数据共享的平衡。

总的来说，考虑到数据的公共属性，相对于在数据内容上设置绝对权，可以赋予数据持有者（例如数据收集者、设备生产者、数据加工者）"有限制的数据权"，包括持有权、使用权和经营权，相应地享有采集、储存、迁移、使用、制造、分析挖掘、收益分配等权益，来解决数据产出的经济激励[①]、信息悖论[②]、数据公开[③]和数据交易中弱势群体的保护问题[④]，这也为数据界

---

① 主要原因有二：数据内容的产生是个人行为的附属品，边际成本小，无需额外的激励；且数据一定程度上具有公共品的非排他性。但排他性并非绝对，数据使用者越多，价值也可能降低，可参见 Admati 和 Pfleiderer（1990）。
② 参见 Arrow（1962）：数据交易需要买方评估数据资产的价值，数据文件所有者足以在不完全透露数据信息的情况下，传达该数据资产的价值。
③ 除非公开能给数据所有者带来收益，仅对数据内容赋权同样不能实质性解决数据公开问题。
④ 弱势群体获得初始产权效率不一定最大化，另外，弱势群体更容易低价交易个人数据，因此需要格式条款控制和其他法律来保护个人利益。同时，也参见美国 2019 年几期对于数据作为财产的听证会的讨论，对数据内容设权并非"亲隐私"。

权和隐私争议的解决提供了一种思路。美国对数据交易采用"实用主义"原则，例如，主张行业隐私法与数据市场自由交易相结合。这也体现了鼓励数据交易的基本立场。如果数据文件所有权和数据信息主体权利（即内容层的个人隐私权或知识产权）发生冲突，个人信息权或知识产权处在优先地位。[①]

对数据原始收集者而言，赋予其对数据产品绝对的产权或者控制权是对其收集、加工数据等过程中付出的劳动和知识的肯定，同时会促进他们进一步开发数据价值；但因此也可能会导致垄断、滥用等系列弊端。梅夏英（2016）在其著作《数据的法律属性及其民法定位》中曾提出，给予数据产品主体绝对权利，或者按照大多数学者支持的不提产权、单一靠《反不正当竞争法》来保护，或者完全按照知识产权的思路来规制企业的数据权属都是不妥当且不尽如人意的。

根据"场景性公正"原则，应当对数据产品具体的应用场景、参与者、数据类型等各种关键因素进行划分和界定。例如，同样是存在数据滥用的风险，使用个人购买历史记录、个人画像等数据进行个性化推荐（例如亚马逊、谷歌搜索推荐等），或者已受到数据高度管制的实体使用必要数据开展合法经营活动（例如银行、公立医院等），相对于 Facebook 等社交平台滥用社交数据干扰选举、威胁人身安全等带来的风险，显然后者需要更为严格的监管和保护措施。另外，京东、蚂蚁金服、圆通快递等头部互联网平台拥有巨大消费者数据体量，在防范数据垄断、数据泄露时也应当考虑与其相关的小机构、小平台能否合法使用大平台数据。

2）持有权、使用权和经营权

在合法获取并匿名化处理数据后，数据原始收集者作为数据的生产加

[①] 参见欧盟《通用数据保护条例》（简称 GDPR），美国《数据隐私法案》（Digital Accountability and Transparency to Advance Privacy Act or the DATA Privacy Act）提案和《隐私权利法案》（Privacy Bill of Rights Act）提案。

工主体，应当因其相关劳动和贡献而享有对数据的财产权。龙登高（2018）在对传统土地权属的分析中提出了"占有权"，包括除去所有权之外的使用权、剩余所有权等。与此相似，2022年中央全面深化改革委员会第二十六次会议审议通过了《关于构建数据基础制度更好发挥数据要素作用的意见》，该意见搁置了所有权争议，提出"建立数据资源持有权、数据加工使用权、数据产品经营权等分置的产权运行机制"，通过结构性产权分置制度，强调保护的也是数据权益者的财产性权益，旨在推动数据要素的进一步流通。

根据国家发展和改革委员会《数据基础制度若干观点》，数据"持有权"强调实际直接支配或控制，以及防止他人侵犯或干扰的合法权利。与上述土地"占有权"不同，持有权不包含继承或转移等权能；持有权亦与独立的完全物权"所有权"不同，"持有权"强调稳定的持有状态与秩序，是一种事实性认定，指以物理控制或技术手段确保对数据的占有，但不涉及数据所承载的信息。

数据持有权的权能范围根据"原始持有"和"继受持有"有所不同。"原始持有"是指企业在生产经营过程中通过合规采集等方式形成的对数据的"首次"持有状态。此时，数据持有权具有私益性，可以享有数据资源的排他性和竞争性。任何非法获取数据资源、损害数据资源持有者的行为都应承担法律责任。"继受持有"是指企业对数据的持有是通过授权得到的，继受持有的权能会受到权利让渡时所签订的合同条款的限制。特别地，如果企业对于数据的持有权是他益的，例如互联网数据中心提供数据存储和托管服务，此时对数据的持有并不构成控制（罗玫等，2023）。在保护竞争性持有权的同时，防止数据持有者垄断数据资源，持有大量数据资源的央企、大型互联网平台应承担更多社会责任，促进非私益性数据资源的开放共享。

"使用权"意味着在合法获取的前提下，数据使用权益人可以在法律和消费者的合约范围内,自我使用、加工数据,进而获取数据价值。通过对合法获取的数据的匿名化、加工、整合、开发等处理和创新,数据产品和数据服务得以形成,从而赋予了数据更高的价值。《上海市数据条例》规定,自然人、法人和非法人组织可以依法使用和加工他们合法获取的数据。《数据安全法》规定数据处理包括多种活动,如数据的收集、存储、使用、加工、传输、提供、公开等;《网络安全标准实践指南——网络数据分类分级指引》指出,经过统计、关联、挖掘或聚合等加工活动,原始数据可以转变为衍生数据。数据的"使用权"主体应遵循目的限制、安全保障义务和一些具体的使用限制。例如,所有数据处理活动不得超出法律授权或合同约定的范围,同时数据处理者应当采取加密、风险预案、事后补救等必要措施和制度等来保障数据安全。以微信等社交平台中的用户数据的使用为例,若某微信用户选择对其好友公开朋友圈,则该朋友圈内容对于其好友而言应当属于公开数据,因为用户在发布朋友圈前即明确好友会看到该条朋友圈,但他们并不一定愿意让其他非朋友圈用户了解其朋友圈内容,也不一定愿意该数据的使用者(微信平台)据此对自己进行个性化算法推荐等处理。

数据的"经营权"指企业对数据的交易和处分的权利。数据的原始控制者可以只授权、许可或经营有期限、特定对象、特定权利内容的数据权利,例如授权给第三方针对某项用途的数据使用权等。例如可以行使财产性的抵押、担保等交易形式的数据权利,从而可以与多方市场参与主体共同开发利用数据资源。经营权还包括通过交易数据等途径获取财产收益的权益。这是因为数据的整合和交易很多时候可以促进消费者体验的提高,比如,微信、某些生日记录软件通常会希望得到个人的通讯录数据,以最大化消费者使用体验。此时,允许数据的共享和交易权益能更大程度提升数据价值。同时应当注意的是,合法数据持有者通过行使经营权,将个人数据使用权和经营权再次转移给第三方时,应当符合"场景性公正"原则。

比如在人人网的出售案例中，如果其出售并没有改变个人数据所使用的场景和预期，而只是变更了网站的所有人，那么只要人人网后续的购买者承担起"谁使用谁负责"的保护个人数据相关权益的责任，且在个人的合理预期内继续使用和开发数据，那么该交易行为便属于人人网所有者的权利。

值得注意的是，持有权、使用权和经营权并不构成互为前提的关系，它们可以独立存在，例如数据交易中心持有数据却不一定拥有该数据的使用权，隐私计算中各参与者可以使用数据加工结果，但并不拥有数据资源的持有权。数据分析技术、数据收集方式等因素将会产生诸多衍生数据产品或表现形式，因此合法的，不同的加工方式、收集方式的提供者/数据原始收集者都应当被赋予相应的权益。同一数据内容的不同收集方，只要是通过数据合约及其他合法途径获得数据，应当都可以独立地享受对其所加工数据产品的数据财产权。

3）持有权、使用权和经营权的限制性

根据上述分析，可以发现数据原始收集者对数据所享有的数据产权的限制性大致可以体现为以下几点。

其一，数据持有者行使数据产权的同时，必须充分考虑到数据自然人主体的基本数据权利，如隐私权等。一旦个人数据隐私得不到合理的保护，不仅个人的合法权益将受到侵害，数据收集和使用者企业也会丧失用户与消费者的信任，继而面临巨大的公关危机。

其二，数据的使用必须合法，或者合乎"场景性公正"原则。例如，数据需求和交易者一般包括以下几类经营者：一是从网站中或和个人签订的合约中搜索并收集个人信息（包括个人姓名、电话、城市、邮箱等）的经营者，常见的有百度、天眼查、微博等，由于这些个人数据具有明确的可识别性，这类数据的使用过程和交易等都应当受到严格的规制和监管，包括脱敏后交易、对数据使用过程的全生命周期风险排查和防范等。二是专注于市场营销的企业，它们根据大数据提供个性化推荐、市场营销等活动，比如淘宝、今日头条等商贸、新闻平台。这样的数据使用风险应该根据具体的场景而定：如果数据使用有利于提高社会总体福利，例如将个人画像用于合法的风险防范、诈骗防范（信用评分、贷款或保险风险分析等），这样的经营活动基本不会对诚信个人和社会产生不利影响，反而有利于减少信息不对称等所带来的社会福利损失。

其三，数据原始收集者在与第三方交易数据时，应当承担相应的责任和义务。如涉及个人信息（即便已经脱敏），应当就数据交易的购买对象及其联系方式、使用目的、数据类型、数据来源、防范数据不正当使用的措施等在合同中进行规定。

其四，数据原始收集者和其他数据需求者之间，除了竞争性对象下应当保护的排他性权利以外，还应当以支持合法、促进社会总福利的数据分享为基本原则，给数据的流动提供更多使用和实践的可能性。这一点同样也可以表现为，如果数据原始生产者个人和数据收集者的利益期待发生冲突，个人希望其被某原始收集者收集的个人信息被第三方数据需求者所使用（可携权），此时应当根据"场景性公正"的价值判定原则，回应谁的利益期待应该得到优先满足。如果新的信息流形式有利于数据的社会价值开发，那么原则上应当允许数据原始生产者个人以及其他数据需求者，从数据原始收集者处通过支付一定对价或者其他补偿形式获取非竞争性用途数据的权益。尤其是考虑到一般民众偏好公平，而这本身就是一种重要的社会福利。因此，在个人数据利益期待与数据收集者冲突时，个人的公平感也必须予以考虑。

一方面，当超级合法数据持有者收集海量数据后，数据的潜在垄断可能性就会大大提高，如果赋予此类平台过强的数据权利，就可能出现数据割据、数据垄断等情况，阻碍数据共享与数据价值的实现。例如，在美国和欧洲的垄断型学术数据库网站，普通学者想要查看、学习论文，促进科研事业的发展往往也需要支付不少文献下载费用；中国的知网（中国期刊全文数据库）在垄断后期往往也进行变相收费（如查重费）。如果总体上，数据资源没有得到开放、共享和流通的法律认可，那么数据壁垒的存在会导致中小型企业无法提供有效的竞争能力，数据寡头、数据垄断、数据孤岛等现象将会更加严重，从而阻碍数字经济的发展和数据价值的开发。

另一方面，原始数据资源与数据产品相比，前者并没有包含数据原始收集者除去收集之外更多的加工、创造的知识和劳动，其价值的开发往往还在于第三方数据需求者投入更多的劳动和创造[1]，因此在满足合法获取、合法使用（包括以公示等形式保障数据原始生产者个人的知情权，以合约等形式保障数据原始收集者的知情权、必要的收益权等权益）的前提下，此种场景下数据权属的转移也应当得到法律的承认。虽然在获取原始数据的层面上，该类型数据"有限制的数据权"的获取也有"搭便车"的嫌疑，但考虑到数据的公共属性、数据的差异化服务、数据价值的开发和创新，原则上应当支持数据的共享。

再者，如果争议中的相关数据不涉及用户隐私，比如对全部用户无差异地公开发布、人人可见的公开数据，此时就应促进此类数据的共享和互联互通，赋予第三方数据需求者"有限制的数据权"。例如，在 HiQ 诉领英案中，法官的判决意见认为，既然用户设置了其个人内容可被公众查看，那么用户本质上是期望其公开的个人资料被搜索、挖掘、加工和分析的；同时，如果授予像领英这样的私人实体全面的数据控制权，那么它们便可以合法地阻止其他任意第三方数据需求者获取其网站的公开数据，这可能会对公众的数据人格权、数据自由流动产生严重威胁，直接导致数据垄断并危害社会福利。因此，对于公开数据，即使违反对方设置的 robot 协议，大数据抓取也是合理的。

---

[1] 参见丁晓东：数据到底属于谁？——从网络爬虫看平台数据权属与数据保护，华东政法大学学报，https://mp.weixin.qq.com/s/ZdLkRowhUl-yE9vTEepivQ。

对于上述个人与平台的数据利益期待发生冲突下的实践解决方案，有学者提出可以通过"强制交易规则"，在对方或者第三方支付合理对价的情形下（可以是用户为可携权的形式支付成本，如日本；或者通过收看携入平台的广告等方式支付隐形对价；也可以是第三方平台自己支付必要的对价，在一些公益性、公共基础性质较大的数据转移中，共享也应当被提倡），使数据权利的转移得以发生。例如，以"强制卖方报价加第三方征税"的方式，即卖方对其控制的数据进行登记并给出主观估价，任何第三方只要愿意支付该估价即有权主张数据权利；为避免卖方过高估价，政府根据卖方报价征税。这主要考虑到了多方参与者的利益，一是促使有益的数据开发行为得到数据资源的支持，二是引入相应的利益回报和协调机制有利于保证数据原始收集者的财产性权益，以维持其继续生产、投资的积极性，以及其他潜在市场进入者的积极性。[①]

2.3 数据人格权与数据主权

在上一节中，重点探讨了企业等主体合法获取公共数据和个人数据的持有权、使用权和经营权的权能及其限制性，在本节中将对个人的分级分类数据权以及数据主权展开介绍。

2.3.1 个人的数据权利

个人是将个人数据分级分类授权的权利人。刘涛雄等（2023）提供了一个相对详尽、微观的八级分类标准体系。个人享有的分级分类的数据权利可以分为两层：一是个人对其不同隐私强度和敏感程度的个人数据拥有

[①] 参见包晓丽、熊丙万：通讯录数据中的社会关系资本，中国法律评论，https://mp.weixin.qq.com/s/PMCBRgngKjItTEffvaRF0w。

不同强度和内涵的授权权利；二是个人可以根据价值贡献决定分配比例的原则，获得与其价值贡献相称的经济回报。

个人享有个人数据内容的敏感信息不受侵犯的消极防御权利，同时享有敏感信息和特定信息所体现的数据人格权，比如明示同意、拒绝权等，以及对具有经济价值的个人信息的财产收益权。数据原始收集者享有合法获得、经匿名后的数据文件的"有限制的数据权"。在数据市场的主要参与者中，个人和数据原始收集者的权属争议只是其一，数据原始收集者和其他数据需求方的权属争议也一直是社会和法律争议的焦点。例如，华为与腾讯的数据之争[1]、顺丰与菜鸟的"接口门"事件[2]、新浪诉脉脉案[3]、大众点评诉百度案[4]、淘宝诉美景不正当竞争纠纷案[5] 等，以及新浪微博诉微头条案[6] 等。

1. 个人数据的定义和内容

目前各国"个人数据"的范围和定义大同小异，核心在于"可识别性"这一本质标准，包括直接识别个人和"关联"个人的数据、与其他数据结合能够识别到个人的数据。但是"可识别性"在不同的技术和场景语境下，其外延具有浮动性，欧盟对"个人数据"和"非个人数据"界定在实践中

---

[1] 参见《华为 vs 腾讯大数据之争谁拿走了用户的个人数据？》，来源：http://tech.sina.com.cn/i/2017-08-15/doc-ifyixtym4580079.shtml，2020 年 12 月 10 日访问。

[2] 对于顺丰与菜鸟之争的简单介绍，参见《百度百科：顺丰菜鸟之争》，来源：https://baike.baidu.com/item/顺丰菜鸟之争/20830652?fr=aladdin，2020 年 12 月 10 日访问。

[3] 参见北京淘友天下技术有限公司等与北京微梦创科网络技术有限公司不正当竞争纠纷二审民事判决书，(2016) 京 73 民终 588 号。

[4] 参见大众点评诉百度不正当竞争二审判决书，(2016) 沪 73 民终 242 号。

[5] 参见淘宝（中国）软件有限公司诉安徽美景信息科技有限公司不正当竞争案，(2017) 浙 8601 民初 4034 号。

[6] 微博认为，"某第三方新闻平台在微博毫不知情、并未授权的情况下直接从微博抓取自媒体账号的内容"，参见《谁的用户：微博欲诉今日头条非法抓取内容》，来源：http://finance.sina.com.cn/roll/2017-08-15/doc-ifyixcaw4855222.shtml，2020 年 12 月 10 日访问。

的失败便充分体现了这一点。因而，除了以列举形式出现在法案规定中的个人数据，一些具有争议性的数据需要在个案中进行具体衡量。现有对个人信息/数据的定义主要有以下代表。

我国2021年8月通过的《中华人民共和国个人信息保护法》第四条和第二十八条规定：个人信息是以电子或者其他方式记录的与已识别或者可识别的自然人有关的各种信息，不包括匿名化处理后的信息；敏感个人信息是一旦泄露或者非法使用，容易导致自然人的人格尊严受到侵害或者人身、财产安全受到危害的个人信息，包括生物识别、宗教信仰、特定身份、医疗健康、金融账户、行踪轨迹等信息，以及不满十四周岁未成年人的个人信息。通过区分个人信息和敏感个人信息的方式，为网络数据中的个人数据的分级保护和利用提供了思路。

根据美国CCPA（加州消费者隐私法案）对个人数据的内容和范围规定，其包括可识别到特定家庭、特定设备和个人的数据，同时针对个人信息还明确列举了易产生争议的数据类型，如"音频、视觉、热、嗅觉或类似信息""包括意图或实际购买商品或服务的记录、消费历史记录或消费趋势"等，在此基础上更细致对上述易争议数据类型的内涵进行说明和列举，例如生物信息"包括个体的DNA、虹膜、视网膜、静脉图案成像、录音图像、面部印记、声纹，以及包含识别信息的击键模式、节奏、步态模式或节奏"等。

总体上可以看出，与特定个人关联的生物信息、商业记录等，以及虽然单个数据不可识别到特定个人，但与其他数据结合可识别到特定个人的数据都属于个人数据。

2. 个人的分级分类数据权利

学界对个人信息中的非敏感信息的赋权结论并非单一。Dosis和Sand-Zantman（2019）认为企业或消费者拥有数据所有权的优劣取决于数据对企业的价值和消费者货币化个人数据能力的权衡，总体来看，无外乎两种赋权形式。其一，个人享有对包括敏感、非敏感信息在内的个人数据的控制权。由于购买历史、出行方式等通常是个人行为的副产品（Veldkamp，2005；Ordoñez，2013），其本质上属于数据主体的权利，Miller 和 Tucker（2018）的研究表明给予消费者其个人数据的控制权有助于促进个人数据的分享与交易。Abowd 和 Schmutte（2019）则认为，应当由消费者在隐私保护与数据交易的边际收益相等时做出最优交易选择，因此要首先告知消费者其个人数据的价值，允许消费者在数据的销售和隐私保护之间自主做出选择。其二，将非敏感的个人数据脱敏后赋予数据收集企业，Jones 和 Tonetti（2019）指出若由消费者掌握数据所有权，数据交易量将接近社会最优化水平，但弱劣于最优；若由企业掌握数据所有权，数据交易量可以达到社会最优交易量，但交易量与数据带来的创新性破坏程度成反比，企业可能滥用数据交易，也可能交易不足，因而应当设置额外的法律规定等，对企业的这些行为予以规制。

这两种观点都各有优劣。将个人数据的所有权完全界定给个人，一方面绝对的产权并不能激励个人数据的流通，会大大增加社会运营成本和数据市场的交易成本。另一方面，如前文所分析，单独的个人数据在脱敏后需要与其他数据匹配、组合和加工，从而形成大数据资产才会产生对应的价值，个人的数据价值边际贡献很小，加上数据的人格财产属性带来的"禀赋效应"，在竞争市场下，个人不愿意出售非敏感个人数据的动机更大；同时，个人的数据财产权对个人权利的保护是非对称的，弱势群体很容易就被其他强势群体通过排他性等合约形式以极低的价格转移了数据所有权。因此，个人享有绝对的个人数据控制权并不是最优解。同理，企业享有脱敏后个人数据的绝对控制权也非最优。一方面，对于企业而言，尽管数据的复制使用并不会损害数据本身的内容，但数据的价值和企业可从数据中获取的商业利润却可能因为数据内容的泄露而受到损害和稀释，因此，与共享相比，企业更加倾向于拥有脱敏后个人数据的绝对所有权。另一方面，按照贡献决定分配的原则，企业的经济收益主要来源于对个人数据进行收集、加工从而形成数据产品的劳动和知识等贡献，并不应当享有原始数据内容所贡献的收益。而且，如果将脱敏后个人数据的所有权赋予企业，还可能导致个人信息滥用等现象。因此，根据数据内容和数据文件的分类，对于个人数据，个人和企业都应当被赋予"限制性的权利"，个人信息是数据的原始内容层，属于数据主体的权利；而数据产品是数据的加工符号层，属于数据产品生产者/持有者的权利。

从横向划分，个人数据可以根据敏感度分为敏感数据、一般敏感数据和公开数据；从纵向、动态划分，个人数据可以分为原始数据、增值数据。据此，认为个人享有其个人数据中原始数据部分的"有限制的所有权"，主要包括分级隐私保护权和相应的数据控制权，以及享受相应的财产权益。

对于纯粹由个人数据组成的原始数据，可以按照隐私和风险等级进行分级。

涉及个人隐私的个人敏感数据。个人敏感数据主要是指一旦泄露、非法提供或滥用便可能危害人身和财产安全，极易导致个人名誉、身心健康受到损害、歧视性待遇的个人信息。该类数据应当严格受到隐私权、自由权、拒绝权等人格权不受侵犯的保护。《网络安全法》《个人信息安全规范》对于未经脱敏处理的个人信息的合规要求包括以下原则：其一，告知—同意原则：事先向个人信息主体告知共享、转让个人信息的目的、数据接收方的类型并征得同意；涉及个人敏感信息应告知类型、接收方身份和数据安全能力。其二，安全影响评估原则。根据评估结果采取有效的保护个人信息主体的措施。其三，准确记录原则。准确记录和保存个人信息的共享、转让的情况，包括共享、转让的日期、规模、目的，以及数据接收方基本情况等。其四，保护义务延伸原则，即帮助个人信息主体了解数据接收方对个人信息的保护义务及其履行情况，和及时反馈个人信息主体相关权利，包括访问、更正、删除、注销账户等。

对于个人公开数据以及进行隐私补偿且严格脱敏的数据，前者指完全公开在社会上的数据，如领英平台上由用户主动公布的个人信息，在合法使用的前提下，原则上数据收集或发布企业及其他第三方都享有使用权，但应该遵循一些基本的义务，例如注明数据来源等；后者主要是指通过合法途径获取的且对个人敏感信息严格脱敏之后加工形成的数据文件，个人对于该类数据只享有保护其隐私不受侵犯等防御性权利。

对于风险程度中等或个人与数据收集者容易发生利益冲突的个人数据，例如，仅对朋友圈可见的社交数据，或者用作个性化推荐用途的历史购买行为数据等。该等级的数据应当充分尊重个人的知情同意权、拒绝权和删除权等自决权利体系，同时辅助以个人与数据收集者的共决和损害补偿来确定数据占有权的转移。[①] 对于个人所享有的风险程度中等的个人数据的自决权利体系，主要可以适用以下原则和权利：

知情同意权：在采集个人数据之前的合同中，建议首先精确地浓缩隐私政策的核心内容，或者突出展示用户最关心的个人信息；禁止通过"默认授权、功能捆绑等形式强迫、误导个人信息主体同意"。[②]

对于中等风险程度个人数据的采集，应当采取"明示同意"原则。也就是说，企业需要获得"个人信息主体通过书面、口头等方式主动做出纸质或电子形式的声明，或者自主做出肯定性动作，对其个人信息进行特定处理做出明确授权的行为"[③]，才可以采集个人信息。其中，肯定性动作包括个人信息主体主动勾选、主动点击"同意""注册""发送""拨打"、主动填写或提供等。对于风险程度中度的个人信息在协议目的之外的应用，应当再次获取

[①] 参见包晓丽、熊丙万：通讯录数据中的社会关系资本，中国法律评论，https://mp.weixin.qq.com/s/PMCBRgngKjItTEffvaRF0w。

[②] 资料来源：《数据安全管理办法（征求意见稿）》。

[③] 资料来源：国标《信息安全技术　个人信息安全规范》。

用户的同意。①

选择退出权（opt-out）：对于风险程度中等的个人信息的使用，应当赋予用户事前、事中的拒绝权，在公司网页等对外公开界面的明显位置提供给用户该项个人信息拒绝或中止收集处理的权利。

对于具有较大经济价值且经脱敏的个人数据，消费者和数据收集/使用商（中介商）之间可采取租赁式交易，数据中介商每使用/销售一次个人数据，对该消费者支付租金，租金可以是企业通过免费或折扣的方式提供服务或产品；或者一次性买卖，例如在充分脱敏的基础上向患者购买胸片数据，以及个人调查等（Ligett and Roth，2012）；也可以采取其他隐私补偿方法（Easley et al.，2018；韩海庭等，2019），从而刺激原始数据的生产和交易。另外，在权利转移的同时，可以考虑借鉴美国联邦《同意法案》（*Consent Act*）的做法，通过制定额外的规则和程序，敦促公司承担利用消费者数据的应尽责任，包括对内容层面的个人数据进行充分的脱敏（Agarwal et al.，2019），以及其他必要的合法处理，例如匿名数据再识别化的风险评估、应急补救等。

对于匿名后的个人数据、增值数据的权属配置应当遵从相应的商业场景。由于数据处理人将不同个人的原始数据收集在一起进行加工整理，从而形成具有经济价值的大数据等数据产品。此时，数据收集及加工者享有匿名化、加工后的增值数据的财产权。如果数据收集人同时也是数据处理人，那么增值数据的权利人为同一对象；如果通过委托或与第三方合作进行数据处理，增值数据的权利归属可参考《著作权法》《专利法》中对"委托类知识产权""合作类知识产权"的相关规定。对于增值数据的权属界定的理论支撑来源于物权中的添附理论。添附是指民事主体合并了不同所有

---

① 参见梁杰兵：华为与腾讯数据之争，数据法律资讯，https://mp.weixin.qq.com/s/Ozoek3TCjZhFejH9JA0bTg。

人的财产或劳动成果，从而形成新的财产，此时若恢复原状是不可能的或不合理的，那么新财产的权属应当重新界定。①

美国现行的多数行业法则都体现了隐私分级保护原则。例如，美国1996年《健康保险流通与责任法案》（Health Insurance Portability and Accountability Act，HIPAA）及随后发布的隐私安全规则为健康医疗数据进行了分类，按照隐私等级受保护度递增依次为：受保护的健康信息（protected health information，PHI）、可识别个人的健康信息（individually identifiable health information）、受限制数据集（limited data sets）和脱敏信息（de-identified information）。② 对于某些类型的数据的使用无须患者个人授权即可进行分享和交易。例如，受限制数据集在以医学研究为目的的前提下可以无须授权直接分享，基于疾病防控目的共享"受保护的健康信息"等。

对于具有较大经济价值且经脱敏的个人数据，消费者可通过租赁或一次性买卖将持有权、使用权、经营权等许可给数字平台。以私人农场数据为例，由于农地的地理、气候的差异性很大，某些大型农场的属性数据对关键参数精确性的增益可能很大，此类数据的稀缺性意味着个体对数据价值的边际贡献较大。数字平台提供的服务或产品（免费或折扣）本质上也属于平台支付的个人数据的对价，只是学者们对以"免费或折扣服务换取个人数据"这种方式展开的数据授权中，个人获得的经济回报是否公正合理，存有较大争议。例如，Acemoglu 等（2022）、Choi 等（2019）认为相对于消费者提供的数据价值，平台提供的服务可能存在低价获取消费者数据的风险。

对于非稀缺的个人数据，其最终实现的市场价值可能较低，尤其是如

---

① 参见崔丽莎：大数据权属及保护制度研究，海坛特哥，https://mp.weixin.qq.com/s/5fgin3f4a0gOVm6-2JZ1Tg。
② 根据美国1996年《健康保险流通与责任法案》整理得到。

果数据持有者为数据加工产品投入和积累了更多的知识、技术、资本和劳动价值,此时个人凭借数据产权能获得的经济收益较低。以我国传统土地所有权的流通市值为例,实证研究发现,随着水利设施、土地肥力、加工技术含量的投入增加,所有权对土地产出的边际贡献逐渐趋小,所有权的市价到后期可能远远小于持有权、使用权和经营权等(龙登高等,2013;李一苇、龙登高,2021),这同样也适用于非稀缺的个人数据的流通定价。

2.3.2 数据主权

数据主权是指一个国家对其政权管辖地域范围内个人、企业和相关组织所产生的文字、图片、音视频、代码、程序等全部数据在产生、收集、存储、传输、分析、管理、保护等过程中拥有的最高管辖权。[①] 国家享有运用数据进行社会管理、服务、公共安全治理的权力;对关乎国家安全等的数据跨国流动享有管理和控制的权力;享有对网络犯罪活动全生命周期涉及其管辖范围的司法处置权力;以及对其他国家可能发动的数据网络战的防御和反制权力。数据主权是一种新型国家主权,是国家主权在网络空间的核心表现,是关乎国家安全、公共安全的数据主权主张。数据主权主要体现为数据控制权、数据产业和数据技术的自主发展权、数据立法权和反对网络战权等(连玉明,2018)。

是否掌握数据控制权是主权国家在国际上是否具有话语权的关键因素。因此,国家对辖区数据资源的控制权,即国家对关乎国家安全、公共安全、商业秘密、公民个人隐私安全等的数据享有最高管辖权,是保证国家和人民福祉、维护国家安全和社会稳定的根本,是防止被其他数据强国侵犯和控制的关键。

数据产业和数据技术的自主发展权属于国家的内部事务,应当得到国

---

① 资料来源:https://opinion.huanqiu.com/article/9CaKrnJHvMP。

家的大力支持,也应当不受他国干预。随着近年来高端信息技术,比如软件、芯片等被发达国家掌控,发展中国家技术严重依赖于发达国家的局面的形成,数据霸权出现的可能性越来越大,近期美国对华为、中兴等高科技技术企业的封锁充分折射出我国数据产业和数据技术的自主发展能力有待加强的现实。

数据立法权是国家数据的控制权、发展权,是维护本国数据安全的重要保障。大部分国家纷纷以保护国家安全为由,要求数据进行"本地化存储"。如,印度、伊朗等国家要求本国数据完全存储在境内,严禁数据出境。又如,美国依据《出口管理条例》(EAR)对军民两用技术的技术参数数据及数据库的数据提出限制出境或严格审查出境要求,同时限制外商对包括数据在内的高科技领域进行投资以防止技术扩散。俄罗斯要求本国公民的电子通信、社交数据"本地化";欧盟要求数据得到当地法律保护或合同约束之后才能出境。当然,不少国家,例如美国正在积极通过法案法规等的出台,赋予政府和企业获取域外管辖区的数据的权力(利)。[1]因此,对关乎我国国家安全的数据,应当结合《中华人民共和国国家安全法》《中华人民共和国反间谍法》等进一步完善主权范围和战略制度[2],保证中国不受其他任何国家的非法干涉和限制。值得注意的是,考虑到国际合作与协同,"本地化存储"与现行世界贸易组织(WTO)等倡导的国际数据合作原则相悖,其应用应当是结合具体需求和场景的。

综上,在国家主权中,数据主权应当被置于重要战略地位,同时也要注意其与允许跨境数据流动的平衡。在充分保障我国数据主权的同时,提倡有益的数据跨境自由流动,发挥数据对提升人类社会福祉的功能。

---

[1] 参见付伟:全球数据治理体系建设与中国的路径选择研究,大数据和人工智能法律研究院,https://mp.weixin.qq.com/s/NnJm62g-be76aiGWge8_cg。

[2] 参见陈智敏:数字经济中的数据权属问题,TUSRAC 清华大学社会风险评估中心,https://mp.weixin.qq.com/s/MYEaVsKzJLXlqNm4e3LGuQ。

2.4 主要国家数据界权实践

西方大多数国家对数据主权、个人数据有独立的法律规定。对于个人数据，主流趋势是模糊数据所有权，自然人作为独立主体，其基本人权由个人信息保护制度进行保障，强调数据的使用权、控制权或介入能力。《世界人权宣言》第12条所确立的隐私权是西方国家个人信息保护制度的共同渊源，此隐私权与我国《民法典》规定的隐私权不同，它是自然人的天赋人权，是独立个体的自由或尊严的法律保障，其核心假设为个人信息是自由（可以使用）的。[①] 在理论方面，总的来说，西方国家个人信息保护的理论基础都是个人控制论，以个人尊严或自由为依据，强调个人对个人信息的控制。不同的是，欧洲对个人信息的使用必须要有足够的理由，即满足法律明确规定的6项合法性基础；而美国则相对更加宽松，并未对此做出规定。尽管如此，不同国家和地区实现个人信息保护的具体法律规定和操作方式仍有很大区别，并导致了过去十几年不同国家和地区数字经济乃至经济整体发展程度的巨大区别。

2.4.1 欧盟

欧盟通过区分"个人数据"和"非个人数据"二元结构的方式来实现自然人人权的保护和数据流动、开发的平衡。对于任何可识别的"个人数据"，其权利严格归属于自然人，自然人享有个人数据全生命周期的绝对控制权；对于个人数据以外的充分匿名、不可识别的"非个人数据"，企业享有非绝对的"数据生产者权"。

在个人数据方面，欧盟全面保护数据主体的控制权，代表法案为2018年5月25日开始生效的《通用数据保护条例》（General Data Protection

---

[①] 参见律商联讯：数据开放与数据权属之问。http://www.cbdio.com/BigData/2020-07-03/content_6157941.htm，2020-07-03，访问时间：2020年12月5日。

Regulation，GDPR）。其管辖范围为欧盟所有成员国，同时绝大多数欧盟成员，除了希腊、斯洛文尼亚外，均通过不同形式将 GDPR 纳入既有法律体系之中。

GDPR 赋予了数据主体对个人数据的基本人权维护的防御性权利，同时还努力实现个人数据的积极性权利。这些权利包括知情同意权、访问权、更正权、删除权（被遗忘权）、限制处理权、数据可携权、拒绝权等。

其中，知情同意权主要包括两个方面，一是，在企业收集个人数据的过程中，应当告知数据主体收集类型、处理目的、合法性基础、存储期限（在无法确定具体时间的情况下应提供确定存储期限的标准）、安全保障措施、数据主体权利等信息。二是，企业以商业为目的从公开渠道获取个人信息时，应采用一切可行的方式告知数据主体，否则除非能证明穷尽了所有可能办法还无法告知数据主体，才能正式使用数据。

访问权指的是个体有访问下载被企业收集的个人数据的权利，这意味着个人数据的格式应当是结构化、通用化和可机读的；且当数据主体行使该权利时，企业要在一个月内进行响应，特殊情况可以延长到两个月。更正权指的是如果数据主体要求更正错误的个人数据，企业应当及时更正相应的信息。

拒绝/限制处理权指的是，当数据主体质疑数据准确性、处理是否合法等，或者不希望企业使用数据进行广告营销、自动化决策等时，数据主体有权限制或拒绝企业使用其数据。且 GDPR 22 条还规定，即便获得个人同意，企业在利用个人数据进行自动化决策等系列商业活动时，也应当实施恰当的措施保护数据个人的权益，确保当事人人为干预、表达观点和拒绝等权利。

删除权（被遗忘权）和数据可携权有必要重点说明。删除权指的是只要数据主体撤回同意，要求企业删除其个人数据或者当完成相应数据使用目的之后，企业就应当及时清除相关的数据。删除权赋予了个人极强的数据权利，个人可以完全决定其个人数据是否要被企业采集和使用。数据可携权同样强烈体现了欧盟对自然人权的推崇。它指的是在访问权基础上，数据主体有权要求自己授予数据原始收集者的个人数据，转移给其他数据需求者，这意味着只要基于数据主体同意或其他合法性基础，企业必须服从个人提出的个人数据自由流转的权利。

在充分保障数据主体对个人信息的全生命周期控制权的同时，企业对个人数据的处理也受到了严格的限制，必须满足以下基本原则。

- 合法、公平和透明原则：第一，企业直接采集处理个人数据需要获得个人的"同意"。有法律约束效用的"同意"需满足以下条件：首先，自愿前提且可以自由要求，这意味着在雇佣关系等双方地位不平等的条件下，"同意"须谨慎使用；其次，满足明确、具体性，一揽子"授权同意"是被禁止的，企业获取不同处理行为和目的的个人数据须分别获取相应的"同意"。第二，企业间接收集、使用个人信息时，需要对数据原始收集方所获的数据个体授权情况和范围进行核实，如果个人一开始并没有赋予数据原始收集者转让该对应数据的权利，需再次获取数据主体的同意或者具备其他合法性基础。第三，当任何一项新技术投入使用时，应当重新对个人数据可能的风险进行评估并做出相应的改进对策。
- 目的限制原则：企业在获取个人数据之前应当对使用目的进行明确说明，已获取的数据不能用于协定说明之外的其他目的。
- 最小范围原则：企业对个人数据的使用要遵守数据最小化原则，充分满足目的相关、相称、充分性。
- 准确性原则：企业在使用个人数据的过程中应当注意维护数据的准确性，不可随意篡改数据。
- 存储限制原则：企业在以可识别形式存储个人数据时，不能超过完成处理目的所需的时间限制，完成相应目的后，通常必须删除或匿名该个人数据。

GDPR 对企业违法处理个人数据的处罚案件量同样也居世界前列。可以看出，在个人数据利用方面，欧盟强调个人的绝对控制，企业的数据使用权受到极大限制。GDPR 的严格限制使得欧盟几乎与世界大型互联网巨头公司绝缘，逐渐落后于互联网浪潮。对此，欧盟2018年10月进一步针对"非个人数据"，颁布了《非个人数据在欧盟境内自由流动框架条例》，授予企业有限制的"数据生产者权"（data producer right），以鼓励非个人数据的交易和流动。

但是，实践结果表明欧盟的数据界权并不成功。在实践中，"个人数据"和"非个人数据"的分割具有很大争议和实施成本，而且欧盟对数字型企业的惩罚非常严格，这导致整个欧洲的数字化经济远远落后于美国等原本并肩甚至过去实力不如自身的国家和地区。

2.4.2 美国

美国对于数据界权则采取了实用主义原则，并没有针对数据进行综合立法，且回避了所有权问题[①]，而是在传统隐私权的框架下，以"信息隐私权"（right to informational privacy）来保护个人的隐私权利。对于数据主权，2018年3月出台的《澄清合法使用境外数据法》（CLOUD 法案）则充分体现了美国对数据控制权的诉求。

对于信息隐私权，联邦层面美国并未统一制定法律，而是在金融、通信、医疗等领域制定行业隐私法，比如《财务隐私法》《有线通信信息法》《健康保险携带和责任法》等。同时，美国还辅以行业自律机制，比

---

① 这一点在司法层面也有所体现，例如 Sorrell vs. IMS Health Inc. 案、FTC vs. Toysmart.com 案、HiQ vs. 领英案等，法官和律师均回避了数据在企业、个人之间的所有权问题，而是直接以数据挖掘、处理、使用是否违反行业隐私法等法律规定为依据。

如建议性行业指引、网络隐私认证等。各个州层面则陆续出台了一系列管辖州内个人隐私的法案。对于数据的权益分配，美国采取了合同法渠道。例如，1999年美国出台的《统一计算机信息交易法》（Uniform Computer Information Transactions Act, UCITA），对"计算机信息"（数据）的"许可交易合同""访问合同""校正和支持合同"等多种合同类型进行合法规定，为维护数据人的隐私和促进数据交易提供保障。

在州立法案中，最有名的当属《加利福尼亚消费者隐私法案》（California Consumer Privacy Act, CCPA）。其基本模式为自由市场与强监管相结合。不同于GDPR原则上禁止、合法授权时允许、个人有权反对或撤回授权的基本立场，CCPA采取了原则上允许，有条件禁止（选择退出，即以Opt-Out的方式拒绝信息收集）的处理方式，注重对数据的商业化利用的规范。

CCPA对被管理对象（企业）也进行了规定，重视对风险影响大的实体的管辖，重点管辖以营利为目的、处理个人信息等业务的企业，并设置包括年收入金额，消费者、家庭和设备数量等指标的门槛，如果企业的商业行为在消费者所在地、个人信息出售行为发生地等每个方面都完全在加州以外进行，则不属于其管辖范围。

在具体的个人数据权利方面，与GDPR形成一定反差的包括知情权和被遗忘权。

在知情权方面，CCPA规定企业在使用和交易个人数据之前，无须取得用户的"同意"，只需要履行"通知"数据主体的义务，在网站和APP服务条款等与个人签订的合同约定中，有比较明确的模板，对数据特定目的、禁止用途和活动、授权给第三方的权利进行说明并与己方权利保持一致。

在拒绝权方面，数据主体在一定条件下可以通过选择退出（Opt-Out）拒绝企业对自己个人数据的使用，主要可以体现在以下两条法律条款中。

其一，拟向第三方出售个人信息的企业应事先通知消费者此项交易，消费者自愿退出该交易（CCPA第1798.120条规定）；其二，企业的互联网主页上必须提供标注了"不要向其他第三方出售我的个人信息"的明确而明显的链接，以供消费者选择（CCPA第1798.135条规定）。除此之外，《内华达州数据隐私法》第2条也规定了数据使用者须设立指定的请求地址给消费者，以满足消费者的自愿退出权利，一旦请求核实，数据使用者将禁止再交易该数据主体的相关受保信息。

在被遗忘权方面，由前文可知，GDPR除了在十分严格的特定情况下，比如为了行使言论和信息自由权，被授予的官方权力，为公共利益、科学或者历史研究目的、数据统计目的以及法律辩护需要等，企业对个人数据的处理应当遵守被遗忘权（删除权）。与之相对应，CCPA也赋予数据主体"被遗忘权"，但CCPA的例外情形更丰富，比如完成交易请求、履行协议，侦察安全事件，防止欺诈、欺骗或不法行为，鉴定或修复错误，促进言论自由，为公共利益、科学或者历史研究、数据统计等目的，对某个公司的内部使用（且该使用被消费者合理地期待），以与收集目的相匹配的形式被内部利用等情况，且必须满足"必要"前提。因此，CCPA对被遗忘权的行使难度相对更大一些。

综上可以看出，CCPA总体上来看倾向于促进个人数据的合法商用和流动。与此同时，美国对数据权属类型和界定的探讨也一直没有停止。

在数权类型方面，例如近两年的法律听证会认为应当将数据视为一种商品或"财产"。美国律师协会网络空间法律委员会创始主席约翰·里特（John Ritter）认为应该建立数据的"法定所有权"制度，呼吁美国人民对个人信息拥有更多的控制权。但是，美国行动论坛（American Action Forum）技术和创新政策主管威廉·莱因哈特（William Rinehart）、美国公民自由协会（American Civil Liberties Union）的查德·马洛（Chad Marlow）并不认同其观点。前者认为数据成为财产不利于数据市场、在线交易的发展，而后者则认为数据作为财产并不一定能"亲隐私"，它对弱势人群的影响不成比例，"财富较少的人更倾向于较少的隐私，而经济有保障的人更容易拒绝出售他们的信息"。因此，有的研究者也提出应当告知消费者数据的价值，再与企业进行交易或共享。[1]

在具体的个人数据权行使方面，被提上议程的联邦《同意法案》（*Consent Act*）认为，应该将美国当前 Opt-out 改为 Opt-in 机制，要求企业在获得消费者"同意"的前提下才能进行数据的收集和使用。但是，该法案也引起了诸多反对的意见。一方面，来自大小公司的能力不对称性将导致市场竞争减小。大公司更能通过产品和隐私设计来实现合规性，但同样的合规成本对于小企业来说很高，Opt-in 法律将导致市场竞争减少。另一方面，考虑到不同公司或行业对个人数据的使用强度和滥用风险差异很大，应当区别对待不同风险的企业，并促使公司承担利用合法个人数据的应尽责任。如果采用 Opt-in 法律，由于个人和公司在信息成本、知识成本等方面的不对称性，导致消费者很可能同意公司收集某数据并用于大量乍看没有问题的服务，比如 Facebook 在平台上的个人信息被剑桥分析公司滥用并为特朗普竞选做预测一案中，曾自证消费者自愿选择大量服务。

2.4.3 日本

日本规制个人信息使用的法律以《个人信息保护法》（『改正個人情報保護法』）为代表，该法明确区分了"个人信息"（personal information）和"个人数据"（personal data），并对数据经营者规定了严格的义务。此外，设置"匿名加工信息"制度，经过匿名处理、无法识别到具体个人属性的

---

[1] 参考 Angelique Carson: US lawmakers consider whether your data should be a 'property right', https://iapp.org/news/a/us-lawmakers-consider-whether-your-data-should-be-a-property-right/。

数据为"匿名加工信息",企业使用它并不需要获得个人的同意,从而能够有效促进数据的开发和使用。①

其中,"个人信息"强调"个体可识别性"的界定标准,该法第2条、第3条规定,"个人信息"包含基本个人信息、广泛意义上能识别个体的相关符号内容,和通过与其他信息组合能够识别到特定个体的内容。基本个人信息包括姓名、住址、电话号码、出生年月、邮箱地址、外貌照片、指纹、DNA、声纹、步态、虹膜、静脉认证信息等,广泛意义上能识别个体的相关符号内容包括护照号码、身份证号码、驾驶证号码、保险证号码、消费记录等。而通过与其他信息组合能够识别到特定个体的内容则将更大范围的数据纳入个人信息的范围。"个人数据"是通过整理加工、易于检索到个人相关信息(包括个人基本信息,个人移动、行动、购物记录等相关信息)的大数据集,其判断依据"可检索性"。该法第15~18条、第31条等对"个人信息"的使用目的、取得方式等规定了明确的要求,第19~23条针对"个人数据"的内容正确性、安全管理责任、从业者的监督责任等也提出了要求。

同时,该法对数据经营者规定了更为严格的法定义务,包括:第一,妥善加工,对于能识别特定个人的记载、符号、关联信息及其他信息等进行删除或置换;第二,安全管理,预防匿名加工信息、加工方法等相关信息的泄露,并公开万一泄露后的处理及应对措施等;第三,公示,数据经营者使用和交易匿名加工信息时,需对其中包含的个人信息项目、向第三方提供的方式方法等,通过主页等及时予以公示告知;第四,禁止重新识别,严格禁止匿名加工信息进行重新识别特定个人的行为。

以下以日本不同行业的公司为例,对企业的个人相关信息管理的落实

---

① 参考李慧敏、王忠:日本对个人数据权属的处理方式及其启示,科技与法律STL,https://mp.weixin.qq.com/s/d89AHD78JsO7EfIQMqDCOA。

和实践情况进行介绍。以下为日本一家游戏公司 AFK Arena 在征集个人信息时，在公司推特上对数据收集、使用目的的说明：

这是 AFK Arena 管理办公室。感谢您参加 AFK 竞技场"TGS2020 特别纪念活动"。恭喜您获胜！请将以下信息发送到此 DM，以便发运奖品（AFK 声优签名彩色纸）：客户姓名（全名）、客户电话号码、收货地址和邮政编码。在回复之前，请务必阅读并同意这些条款。答复者将被视为同意这些条款。注意：您发送的个人信息将仅用于此奖品运送，并且该信息将在运送后销毁。

从中可以体现出个人的知情权、被遗忘权和数据处理目的最小原则的运用。

图 2.1 为日本最大电信服务商 NTT 集团官网关于包括客户、特定个人、股东特定个人等在内对象的个人信息保护的政策总介绍页面，行使个人对个人数据的控制权的程序和发票页面和对匿名加工信息的处理政策总介绍页面。可以看出，日本虽然承认自然人对其个人数据的控制权利，但是个人要行使这些权利还需为企业支付额外的服务费，通过个人对企业的经济补偿，确认了企业的数据处理权益。

除去《个人信息保护法》将个人相关数据作为隐私权的保护客体，日本还通过其他法律以及合同法形式对个人数据的使用进行规范。[①] 例如《不正当竞争法》适用于对符合"秘密管理性""有用性""非公知性"的商业秘密数据的合法保护，"Benesse 公司客户信息泄露案"最终就以《不正当竞争法》为执法依据进行了处理；《著作权法》适用于具有创造性的数据库等数据作品的保护；《独占禁止法》可以对数据寡头和卡特尔行为进行规制（杨琴，2015）。

---

① 根据日本经济产业省 2018 年 6 月《人工智能、数据利用相关签约指南》整理。

54　数据经济学（第二版）

图 2.1　日本 NTT 公司主页关于个人信息相关规则的公布介绍

在数据交易中，数据权属的产生、分配更多依赖合同，基于双方或多方合意产生对应的数据权利，包括但不限于数据接入、使用、持有管理、复制、出售、请求对价、请求消除／公开／修改／停止使用等，充分促进了

数据交易和发展。除此之外，日本政府对合同中容易产生纠纷的具体问题制定了签约指南。比如，2015年10月，日本经济产业省发布《促进数据交易签约指南》(『データに関する取引の推進を目的とした契約ガイドライン』)，对数据交易合同中的必需项目、尽可能考虑的项目以及根据需要进行探讨的项目三级指标体系分别提出了指导意见。

2.4.4 中国

在《关于构建数据基础制度更好发挥数据要素作用的意见》颁布之前，我国在理论方面对个人数据权利的研究大致经历了三个阶段：1994—2008年期间，没有具体、成型的法律法规出台，数据权利的理论和实践发展都较缓慢。这一阶段，随着互联网在我国的普及，网络的个人隐私问题逐渐被大家关注，理论研究也逐渐起步，比如卢小宾和袁文秀（2005）、张德芬（2005）分别从网络环境和银行卡等不同场景出发，呼吁充分保护个人信息以保障个人隐私和财产安全；徐旭光（2003）、汪全胜和王庆武（2004）认为个人隐私权在网络空间主要分为个人隐私不被侵害、寻求法律保护两项权能。2009—2012年期间，个人信息权利思想开始萌芽。虽然此时大部分学者并不区分个人数据和个人信息（张莉，2010），但在欧盟1995年的《个人数据保护指令》等法律和数据权利思潮的影响下，开始将个人信息权作为一般人格权（王利明，2012），或者认为个人隐私权应该延生成数据权利。2013年以来，"数据权利说"开始兴起，主要分为两方面：一是"人身和财产双重属性说"，如齐爱民和盘佳（2015）、肖冬梅和文禹衡（2015）等将个人数据分为人身和财产属性的双重数据权；二是"公权和私权双重属性说"，如吕廷君（2017）认为数据权包含数据主权、数据公民权等宪法性权力和数据人格权、财产权等私法性权利。

随着个人数据权利思想、理论和研究的发展，我国法律法规、实践逐渐融合西方关于数据权的各种思想，其进展和发展也越来越多。例如，

2019年《数据安全管理办法（征求意见稿）》明确区分了网络数据、个人数据和个人隐私数据，对网络数据的收集、使用、监督提出了指导意见。通过区分个人信息和个人敏感信息的方式，为网络数据中的个人数据的分级保护和利用提供了思路。

在第二章"数据收集"中，第七条要求企业公开收集使用规则，第十一条明确禁止"以默认授权、功能捆绑等形式强迫、误导个人信息主体同意"。这些都是对知情同意权的具体规定，值得注意的是，在《信息安全技术 个人信息安全规范》中，对收集原则的"明示同意"进行了说明，"企业需要获得个人信息主体通过书面、口头等方式主动做出纸质或电子形式的声明，或者自主做出肯定性动作，对其个人信息进行特定处理做出明确授权的行为，才可以采集个人信息。其中，肯定性动作包括个人信息主体主动勾选，主动点击同意、注册、发送、拨打，主动填写或提供等"。从中可以看出，市场和政府对个人信息使用日趋规范。第十三条要求网络运营者不得依据个人信息主体的授权行为对个人信息主体采取歧视行为，第十五条额外提出企业收集重要数据或个人敏感信息应向所在地网信部门备案。

在第三章"数据处理使用"中，第十九条要求拥有数据的企业要采用数据分类、备份、加密等措施加强保护，第二十一条赋予数据主体个人查询、更正、删除的权利，第二十二条采纳"逐次同意原则"，企业如需扩大个人信息的使用范围，应再次征得信息主体同意；第二十三条则是对"选择退出权"的体现，例如，"定向推送"等商业营销功能应该为用户提供停止接收定向推送信息的选项。第四章"数据安全监督管理"对行业、企业的义务和责任进行明确规定。其中，第三十四条提出鼓励行业数据安全管理认证和应用程序安全认证的普及，第三十五条要求企业建立动态风险防范机制，一旦"发生个人信息泄露、毁损、丢失等数据安全事件，或者发生数据安全事件风险明显加大时，网络运营者应当立即采取补救措施，及时以电话、短信、邮件或信函等方式告知个人信息主体，并按要求向行业主管监管部门和网信部门报告"。①

在《关于增强个人信息保护意识依法开展业务的通知》中，重要的规定包括：一、未经消费者授权同意，各会员机构不收集消费者个人信息；二、不以默认授权、概况授权、功能捆绑等误导、强迫消费者的方式收集个人信息，不与违规收集和使用个人信息的第三方开展数据合作，这一点是对数据获得"合法性"前提的确认；三、要求企业建立全生命周期的个人信息保护制度，包括加强对员工的教育和培训，企业及时开展自查，并对数据合作方进行排查，体现加强事中安全管理的原则；四、履行消费者教育义务，加强对消费者的风险提示。

《贵州省大数据安全保障条例》也体现了共识。例如，第三十四条规定对目的限定的体现：若涉及"合理的目的范围外利用"，应当再次告知并征求信息主体的同意；第三十九条对"个人信息自动化分析与决策"的规定，要求"除经信息主体同意或法律、行政法规另有规定，信息业者不得收集敏感信息"，即便获得消费者的同意，当这些敏感信息将被用于决定是否向信息主体授信、承保、提供就业机会等影响信息主体合法权益或对信息主体有重大影响的事项时，应当向信息主体说明个人信息自动化处理的目的、范围及内容，并获得其同意。这是对个人数据特定情境下拒绝权的体现。

除了通用个人数据采集应用的条例规定，从知识产权角度保护个人数据的有关规范也有新进展。例如，《民法典》《电子商务法》的实施为电子商务平台的知识产权侵权现象的规制和保护搭建了较为完整的制度框架；《电子商务法》第四十二条明确规定，"知识产权权利人认为其知识产权受到侵害的，有权通知电子商务平台经营者采取删除、屏蔽、断开链接、终止交易和服务等必要措施。通知应当包括构成侵权的初步证据"，这就为个

---

① 资料来源：《数据安全管理办法（征求意见稿）》。

人信息中具有知识产权的特定内容的保护方式提供了更多法律依据。

与此同时，我国现行法律法规也逐渐向利于数据开发的方向发展，2021年《中华人民共和国个人信息保护法》对"匿名化处理"做以下规定，当技术处理后个人信息主体无法被识别或者关联，且在现有技术水平约束和理性的成本考量下，处理后的信息不再能合理地识别出信息主体的匿名数据，则不属于个人信息。这为匿名数据的流动提供了制度基础。

在实践执法和行政监管方面，我国在打击违法违规收集、使用个人信息方面也颇有进展。行政方面，中央网信办、工信部、公安部等多个部门十分重视规制、惩罚违法收集、处理个人信息的行为。2019年以来，网络安全与数据保护领域的行政执法、个人信息保护领域的执法活动占据网络安全行政执法活动60%以上。例如，2019年9月19日，工信部要求整改32款App"未经用户同意，收集、使用用户个人信息"的行为。2020年5月14日，工信部要求某代驾App针对"私自收集个人信息、私自共享给第三方、强制用户使用定向推送功能、过度索取权限"等违规行为进行整改。此外，还有对Tutor ABC"私自收集个人信息、超范围收集个人信息、私自共享给第三方、强制用户使用定向推送功能、频繁申请权限、过度索取权限"等的惩处等，从授权同意扩展至个人信息共享、定向推送、权限申请等诸多方面的管理。

法律方面，有关部门使用《反不正当竞争法》等法律工具解决企业之间的数据权属争议方面的执法也较为频繁。例如，在新浪诉脉脉一案中，新浪方面认为今日头条在微博未授权且毫不知情的情况下直接抓取自媒体账号在微博平台上发布的内容，此举侵犯了自己享有的数据权益。法院采取的解决思路为具有企业竞争性质的个人数据在平台间的开放应当遵从"用户授权＋平台授权＋用户授权"的"三重授权"模式，也就是说数据收集方需要获得个人的同意才能收集，而其他第三方数据需求者如想获得这些数据，除了获得数据原始收集平台的授权，还应在明确告知用户其使用的目的、方式和范围的基础上再次征求用户同意。

本章参考文献

Abowd, J. M., & Schmutte, I. M. (2019). An Economic Analysis of Privacy Protection and Statistical Accuracy as Social Choices[J]. *American Economic Review*, 109(1), 171-202.

Acemoglu, D., Makhdoumi, A. Malekian, A. et al.(2022). Too Much Data: Prices and Inefficiencies in Data Markets[J], *American Economic Journal: Microeconomics*, 14(4): 218-256.

Admati, A. R. & P. Pfleiderer(1988). Selling and Trading on Information in Financial Markets[J], *The American Economic Review*, 78(2):96-103.

Agarwal, A., Dahleh, M., & Sarkar, T. (2019, June). A Marketplace for Data: An Algorithmic Solution. In Proceedings of the 2019 ACM Conference on Economics and Computation (pp. 701-726).

Arrow, K. J.(1962). *Economic Welfare and the Allocation of Resources for Invention*[M], Princeton University Press: 609-626.

Calabresi, G. & Melamed, A. D.(1972). Property Rules, Liability Rules, and Inalienability: One View of the Cathedral, *Economics and Liability for Environmental Problems*, Routledge.

Choi, J. P., Jeon, D. S., & Kim, B. C.(2019). Privacy and Personal Data Collection with Information Externalitie[J], *Journal of Public Economics*, 173: 113-124.

Coase, R. H.(1960). The Problem of Social Cost[J]. *Journal of Law and Economics*, 3: 1-44.

Dosis, A., & Sand-Zantman, W. (2019). The Ownership of Data[J]. *Journal of Law, Economics and Organizations*.

Easley, D. et al. (2018). The Economics of Data[J], *SSRN Electronic Journal*. doi: 10.2139/ssrn.3252870.

Godfrey, J. et al. (2010), *Accounting Theory*[M], Wiley & Sons.

Henderson S, Peirson G, Herbohn K, et al.(2015). *Issues in Financial Accounting*[M], Pearson Higher Education.

Jones, C. I. & C. Tonetti(2019). Nonrivalry and the Economics of Data[J], *American Economic Review*, 108(1):1-48.

Kerber, W. (2016). A New, Intellectual, Property Right for Non-personal Data? An Economic Analysis, GewerblicherRechtsschutz und Urheberrecht, InternationalerTeil (GRUR Int), 11, 989-999.

Ligett, K. & A. Roth(2012). Take It or Leave It: Running ASurvey When Privacy Comes at ACost. In P. W. Goldberg & M. Guo(eds.), Proceedings of the Eighth International

Workshop on Internet and Network Economics (WINE' 12), Springer, Berlin, Heidelberg.

Miller, A. R., & Tucker, C. (2018). Privacy Protection, Personalized Medicine, and Genetic Testing[J]. *Management Science*, 64(10), 4648-4668.

Nissenbaum, H. (2010). *Privacy in Context: Technology, Policy, and the Integrity of Social Life*[M]. Stanford University Press.

Ordoñez, G.(2013). The Asymmetric Effects of Financial Frictions[J], *Journal of Political Economy*, 121(5):844–895.

Radin, M. J.(1982). Property and Personhood[J], *Stanford Law Review*, 34:957-1015.

Thaler, R.(1980). Toward a Positive Theory of Consumer Choice[J], *Journal of Economic Behavior and Organization*, 1(1): 39-60.

Varian, H.(2018). Artificial Intelligence, Economics, and Industrial Organization, *The Economics of Artificial Intelligence: An Agenda*, University of Chicago Press.

Veldkamp, L. L.(2005). Slow Boom, Sudden Crash[J], *Journal of Economic Theory*, 124(2): 230–257.

戴昕.2021.数据界权的关系进路[J].中外法学，第6期.

丁道勤.2017.基础数据与增值数据的二元划分[J].财经法学，第2期.

付伟、于长钺.2017.数据权属国内外研究述评与发展动态分析[J].现代情报，第7期.

郭瑜.2012.个人数据保护法研究[M].北京：北京大学出版社.

韩海庭、原琳琳、李祥锐等.2019.数字经济中的数据资产化问题研究[J].金融纵横，第4期.

黄丽华、杜万里、吴蔽余.2023.基于数据要素流通价值链的数据产权结构性分置[J].大数据，第9期.

李一苇、龙登高.2021.近代上海道契土地产权属性研究[J].历史研究，第5期.

连玉明.2018.数权法1.0：数权的理论基础[M].北京：社会科学文献出版社.

刘涛雄、李若菲、戎珂.2023.基于生成场景的数据确权理论与分级授权[J].管理世界，第2期.

龙登高、林展、彭波.2013.典与清代地权交易体系[J].中国社会科学，第5期.

龙登高.2018.中国传统地权制度及其变迁[M].北京：中国社会科学出版社.

龙卫球.2018.再论企业数据保护的财产权化路径[J].东方法学，第3期.

卢小宾、袁文秀.2005.网络个人数据隐私权保护体系的三维透视[J].情报资料工作，第3期.

罗必良.2017.科斯定理：反思与拓展——兼论中国农地流转制度改革与选择[J].经济研究，第11期.

罗玫、李金璞、汤珂.2023.企业数据资产化：会计确认与价值评估[J].清华大学学报（哲学社会科学版）.

吕廷君.2017.数据权体系及其法治意义[J].中共中央党校学报，第5期.

梅夏英. 2016. 数据的法律属性及其民法定位 [J]. 中国社会科学,（09）：164-183+209.

齐爱民、盘佳. 2015. 数据权、数据主权的确立与大数据保护的基本原则 [J]. 苏州大学学报（哲学社会科学版），第 1 期.

申卫星. 2020. 论数据用益权 [J]. 中国社会科学，第 11 期.

涂子沛. 2012. 大数据：正在到来的数据革命，以及它如何改变政府、商业与我们的生活 [M]. 桂林：广西师范大学出版社.

汪全胜，王庆武. 2004. 网络空间个人数据的权利保护 [J]. 情报理论与实践，第 1 期.

王利明. 2012. 论个人信息权在人格权法中的地位 [J]. 苏州大学学报（哲学社会科学版），第 6 期.

肖冬梅、文禹衡. 2015. 数据权谱系论纲 [J]. 湘潭大学学报（哲学社会科学版），第 6 期.

熊巧琴、汤珂. 2021. 数据要素的界权、交易和定价研究进展 [J]. 经济学动态，第 2 期.

徐旭光. 2003. 论网络时代个人数据及保护 [J]. 图书情报工作，第 5 期.

许可. 2021. 数据权利：范式统合与规范分殊 [J]. 政法论坛，第 4 期.

杨琴. 2015. 经济互动之日本《独占禁止法》论考 [J]. 贵州社会科学，第 8 期.

张德芬. 2005. 论银行卡个人数据的隐私权保护 [J]. 法学杂志，第 2 期.

张莉. 2010. 个人信息权的法哲学论纲 [J]. 河北法学，第 2 期.

张新宝. 2023. 论作为新型财产权的数据财产权 [J]. 中国社会科学，第 4 期.

第二部分
数据流通与数据要素市场

第 3 章 数据流通

3.1 数据流通的难点

按照来源，数据可大致分为个人数据、企业数据和公共数据三类。各类数据流通难点在有共性的基础上，也存在着个性。

数据流通的共性难点包括四个方面。其一，数据的可复制性。数据可被无限分享和复制，且这种复制往往具有不可追溯性。同时，数据的复制没有物理成本，因而很难防止数据购买者将数据进行再次转售，从而造成数据的非法买卖和隐私安全隐患。为防止数据转售和滥用，数据持有者将更愿意封锁数据，而不愿意交易数据，这又进一步降低了合法交易市场的数据流动。其二，数据交易具有事前不确定性。由于买方在交易前不了解该数据资产的详细信息，会较难明确其能带来的效用价值。这意味着数据交易需要事前磋商，包括提供数据小样等。同时，数据交易也存在着卖方发送的数据和事前描述不符等问题，因而存在数据交易争议的可能。如果数据交易的事前磋商、具体的交易流程和获取数据的真实情况等无法追溯，数据交易中将不可避免存在大量的欺诈行为和争议，这十分不利于维护数据市场参与者的利益和积极性，降低数据的流动性。其三，数据交易的不可逆性。与一般物品的电商交易不同，数据无法"退货"。即，当数据抵达购买人的电脑或邮箱时，数据事实上已经被购买者所拥有。即便购买者可以把数据退回，其依然可以在电脑上备份。因而，如果无法实现追溯，数据的购买者可以在备份数据之后不承认自己收到数据,或者拒收数据之后退回原数据。其四,数据的可整合性和非标准化。相同的数据集经过组合、拆分、调整可以形成不同的数据。因此,数据很难作为标准品,如同传统的商品一样,经由统一的方法和技术批量质检、核查、筛选等。

个人数据、企业数据和公共数据的流通又各自有着不同的难点。对于个人数据,隐私泄露风险、禀赋效应、利益损害、边际价值小、维权困难等成为其流通难点。首先,数据流动本身可能会泄露个人隐私,即便是看起来关系很远的两份匿名数据,重新合并之后可能也会去匿名化。企业也可以很容易地通过"不公平合同"等方式要求个人转让数据,提高隐私泄露风险。个人数据具有"人格化属性"和"禀赋效应",即个人对自我数据的估值可能超过公允价值,从而导致个人不愿意交换数据。个人数据除了在当前交易的这个场景被使用,还会被用于不同的其他场景。如果企业对数据的使用不进行明确的说明或及时公示,可能会损害个人的利益。例如,农业数据还可以影响大宗商品市场、金融市场、房地产市场(土地数据)等,虽然数据的广泛流通会降低这些市场的信息不对称性,但这可能是对原先农民所享有的信息优势的一种不公平的收益转移。单个用户数据本身的边际价值很小,经济价值和隐私价值之间如何权衡是一个需要考虑的问题。个人数据权益的维权类似于"集体行动的困难",需要配套比较完善的制度、规则等顶层设计去辅助维权。

企业数据难以流通的原因有:(1)行业竞争或者垄断致使企业不愿意参与交易。企业可能因担心自己的数据对外交易会加剧竞争、削减市场势力而减少数据交易量;垄断企业也可能占据数据垄断权,不出售数据。(2)对数据产权的担忧。如果法律对个人数据权过于强调,企业可能因为担心产权争议而不敢交易数据;根据美国农业数据的法规结果来看,这会促使企业之间结成联盟,通过内部共享数据但不对外交易来减少和私人数据权的争议。(3)不同数据的价值密度不同,如果没有市场标准和定价度量标准等，企业可能滥竽充数，形成"柠檬市场"。

对于公共数据，则主要存在以下难题。首先，政府的收入一般只包含费和税，数字税法的敲定需要一定的时间成本和经验验证，因而数据费用收入在短期内是可供尝试的。但目前我国政府并没有数据使用费等类别名目，因而政府往往只能将公共数据的使用权无偿地授予大数据集团，政府在推动公共数据开发和流通方面的主观能动性并未能激活。这些大数据集团作为企业，可以持有、使用和经营公共数据，从而获得财产性收益。这个环节体现了公共数据的开放性，但公共数据的公共性和共享性并不一定意味着公共数据应完全免费提供给大数据集团，政府和公众也应当得到公共数据收益的公正分配。因而，如何完善大数据集团和政府、公众之间的反馈机制和收益分配机制，让公共数据惠及政府、公众是亟待解决的问题。同时，当前主要由大数据局或者数据中心来汇集委办局的公共数据，而大数据集团往往是大数据局的附属机构，因而无法直接反哺委办局，如何设计激励相容模式来提高委办局的积极性亦需解决。再者，如果将同级政府对各自公共数据汇合、共同收益，再进行价值分配，将可能涉及打通不同部门数据的成本、收益公平分配的难题等；如果收益权分配不均衡，则可能使同级部门之间互相抵触共享和汇总数据，从而不能充分发挥数据的价值，甚至可能会形成政府内部的数据孤岛。

由于产权的完整性在传统经济学中是默认的，因此大多数对数据交易的研究集中于讨论数据产权属于消费者或企业的状态下，数据将如何流通、定价。根据数据生产者个体、数据收集者和其他数据需求者的核心需求、动机等分别赋予其有限制的数据权利是有效促进数据交易的重要手段。但是，需要注意到即便对各个市场参与主体赋予的数权是有限制的，各主体仍然应当享有其在数据文件中因其付出的劳动、知识等贡献所凝结部分的数据权利。比如，个人可依据关联自己的数据内容享受经济收益，数据收集者可凭借自己收集、整理、加工数据的劳动和知识享受独立的经济收益，因此，即便在促进共享、交易的核心思想下分别进行有限制的数权界定，数据流通仍然脱离不了最本质的经济原理。

3.2 数据开放

推动公共数据汇聚利用是建设数据资源体系的重要组成部分，而优质的公共数据资源的开放共享则是解决问题的重要途径之一。以美国为代表的多个西方国家均对开放公共数据进行了提倡和要求。例如，澳大利亚2019年9月发布了《数据共享与公开立法改革讨论文件》，提出了新的公共部门数据共享机制，以现代化方式使用和分享数据。

我国的公共数据开放水平不断提高，中央和地方的政策法规体系逐步完善。2023年2月，中共中央、国务院印发了《数字中国建设整体布局规划》，提出要"畅通数据资源大循环，构建国家数据管理体制机制，健全各级数据统筹管理机构，推动公共数据汇聚利用，建设公共卫生、科技、教育等重要领域国家数据资源库"。2022年1月实施的《要素市场化配置综合：改革试点总体方案》提出完善公共数据开放共享机制，建立健全数据流通交易规则。北京市2022年12月实施的《数字经济促进条例》，设计了统一管理的"公共数据目录"和共享机制，推动公共数据和相关业务系统互联互通。上海市2022年12月实施的《公共数据开放实施细则》提出加强场景规划和牵引，推动公共数据开放服务经济发展质量、生活体验品质、城市治理效能提升。贵州省2022年8月实施的《"十四五"数字经济发展规划》提出加快推进公共数据资源开发利用，搭建一批数据要素汇聚流通平台，创建安全可靠开发利用模式，以场景建应用，以应用促产业。

截至2023年3月4日，我国已有25个省级地方政府上线了政府公共数据开放平台。公共数据平台主要涵盖经济建设、信用服务、财税金融、卫生健康、教育科技和资源环境等领域。浙江省以涉企数据、产业数据为核心,搭建了"省级产业数据仓、市级产业数据仓、行业数据仓、企业数据仓"四级架构,归集整理各类涉企公共数据,初步形成企业—行业—产业相互联通的产业数据资源体系。此外,浙江省注重激发微观主体的活力和创造力,依靠第三方力量,通过设立数据资源服务公司来进行资产化的管理和运营。

虽然我国的公共数据平台得到了各地政府的推动,但在数据量、使用率、数据丰富度、使用便捷性等多方面的成效仍有待提高。与欧洲公共数据平台上的超过 150 万个数据集相比,我国只有贵州、广东、四川、山东和北京的公共平台上的数据集数量超过 1 万个。在 25 个省份中,只有上海(28.97%)、贵州(21.34%)和湖南(20.78%)的数据下载率超过 20%。如果以接口率(接口服务数/数据集数)来衡量数据公共平台对安全性的安排,则只有浙江、福建和安徽这三个省份为每个数据集至少提供了一个接口。除了广东省上线了较多与经济建设相关的数据,大部分省份上线的数据目录较少。此外,数据采集方面存在冗余建设的问题,体量庞大但杂乱无章,目前的数据采集还不能满足政府和企业的个性化需求。①

3.3 数据共享

考虑到数据的公共属性以及低复制成本等特点,促进数据的有益共享是制度设计的重要目标。Vives(1988)以及 Vives(1990)研究发现,在需求不确定的古诺有限竞争和完全竞争市场中,企业之间进行数据共享可以显著提高社会福利,若数据获得成本较高,社会福利损失会更大。但是,尽管数据共享具有无限的前景和价值,数据共享在现实生活中仍然存在很多阻碍。

首先,大多数情况下数据共享的激励和意识不足。于个人,数据具

---

① 中国信息通信研究院:数据要素交易指数研究报告(2023 年)。

有人格化财产属性,个人出于风险防范等目的,倾向于高估其数据价值;于企业、政府及其他数据收集者,搭建数据平台本身需要投入大量的成本,而且由于商业竞争、政府垄断等情况的存在,企业和政府也并不愿意免费或低价共享数据。以学术数据为例,虽然大多数学术共识都要求实证数据公开,但实际上很少有作者将自己整理的数据集公开在网上供读者使用,即便是读者定向发送邮件等进行索取,作者主动提供的情况也极少(Savage and Vickers,2009)。此外,目前信息化大多还只是发挥各机构辅助日常管理的作用,大数据的价值并未完全体现,因此促进数据流动共享的观念尚显不足。

其次,数据共享还会触犯部分既得利益集体从而受到阻挠。当前实践中的数据权益以私权为主,由此产生了一批数据垄断企业,寡头市场基本已经稳定。对合法爬虫等数据分享方式和权益的肯定将会一定程度上限制它们的利益。因此,既得利益群体可能会采用各种方式降低数据质量、逃避数据共享义务,或者限制其他数据需求主体获取自身的数据。

另外,数据共享长效机制和技术并未成熟。一是并没有明确的法律对数据共享做出规定和约束,二是数据应用标准、安全标准、技术标准体系也尚未统一,三是基础设施和技术支持仍有待加强,四是数据共享激励机制和监管的缺失等都使得数据共享落地较为困难。以数据标准来说,不同的样本集对同样数据内容的观测如何整合和运用?各独立的数据集的观测口径、处理方式是否统一?数据伦理审核机制如何更加高效(关健,2020)?除此之外,共享的数据被滥用了如何解决(Longo and Drazen,2016)?只有解决好这些问题,才能构建数据共享的长效机制,从而为数据共享搭建坚实的基础条件。

Raith(1996)总结道,在古诺竞争和需求确定的伯川德竞争下,只有在企业面临的市场需求不相关、市场需求信号完美或者存在战略互补时,企业才会主动完全共享信息;在需求不确定的伯川德竞争中,企业的分享动机非常模糊,取决于数据分享导致所有企业知晓其他企业的利润函数和自身利润函数之后的策略相关性与企业自身利润的关系。虽然随着人工智能相关技术和隐私保护需求的发展,联邦学习(federated learning)等分布式机器学习方案的出现推动了"知识共享而数据不共享"[①],但在平台或消费者拥有数据资产的情况下,数据流通参与者的动机和最优决策并不会有根本性变化。

当不同企业所掌握的数据文件需要进一步与其他企业的数据文件进行结合才能达到某些应用目标,而此时促进数据共享的成本低于彼此交易的成本时,共享数据将成为企业的一大主要选择。例如,在竞争市场的状态下,不同软件、平台所记录的数据往往是块状的、不完整的。又如,信贷市场上消费者可能在不同平台上贷款,在各个平台上的信用表现会有所不同,对于失信人群的分析如果只利用单个信贷平台的数据,则通过其单个数据集所得到的消费者的信用状况、资产状况、风险状况等结论都可能相对片面。另外,数据共享在联合机器学习的应用中也具有较大的需求。一些论坛性的数据共享和开发平台,例如 Kaggle[②] 试图通过众包的形式,鼓励数据的共享和模型开发,在艾滋病研究[③]、棋牌评级[④]和交通预测[⑤]等方面取得了一定成果。

另一方面,对于具有公共基础设施、公共服务性质、公共价值的数据主体,例如政府大数据、医院数据、国企数据、疫情数据等,促进各区域、各行业、各平台之间的数据共享是一个重要选择。国家呼吁打通政府数据、

---

① 参见"白皮书重磅发布|37页文档洞察联邦学习发展势态"[EB/OL]. 2020年4月8日,https://mp.weixin.qq.com/s/p87gvyBBR1ww1GSFEKtneg,2020年10月21日。

② 参见 https://www.kaggle.com/。

③ Carpenter, Jennifer. May the Best Analyst Win. *Science Magazine*. February 2011,转引自维基百科,2020年12月24日。

④ Sonas, Jeff. The Deloitte/FIDE Chess Rating Challenge. Chessbase. 20 February 2011,转引自维基百科,2020年12月24日。

⑤ Foo, Fran. Smartphones to predict NSW travel times?. The Australian. April 6, 2011,转引自维基百科,2020年12月24日。

构建政府大数据平台体现了政府数据的公开和共享趋势。疫情期间，交通运输、电信、医院、数据服务企业等多主体都加入到疫情数据分享过程中，例如 Github 疫情数据库的实时更新，对风险人群的迁移状况、风险区域排查、疑似病例排查、疫情发展和预防、传染病研究等都发挥了重要作用。

3.4 数据交易

数字产品和数据产品分别对应的是以数字化形式呈现的人类的思想和精神等成果，如电子图书、数字音乐等，以及由网络、传感器和智能设备等记录的数字化的数据，如消费者浏览记录、气象数据库等。二者虽有所差异，但一些情况下界限十分模糊，数据产品的交易和定价可以借鉴数字产品的部分思想。因此，本部分先对数字产品的交易进行简要梳理，继而对数据产品的交易方式和卖方策略进行总结。

3.4.1 数字产品交易

数字产品的交易手段主要可分为三大类：捆绑销售（bundling）、订阅和租赁式销售（subscription and renting）以及拍卖（auction）。

捆绑销售的基本假设是，捆绑销售的需求相比单个产品的需求更有弹性。由于数字产品的低复制成本，对数字产品或数字服务进行捆绑销售的做法十分普遍（Shapiro et al., 1998）。Haghpanah 和 Hartline（2015；2021）研究表明，如果价格敏感型买家认为产品更具互补性，那么"大捆包"（grand bundle）是最佳选择。当数字产品市场上有多个买家，其偏好未知且拥有一般价值评估函数（不需要满足单调性），Balcan 等（2008）提出在无限供应的情况下，商家可以为所有数字产品设定统一的价格。

与捆绑销售相对应的是订阅和租赁式销售，订阅是指消费者支付固定价格之后可以免费使用一段时间平台内的部分或全部数字产品服务，租赁是指对单独每一次使用付费（Alaei et al., 2023）。根据客户的产品使用率和价值的差异，平台的最大化收入决策有所不同。一方面，使用率较高的客户倾向于订购更大的套餐，使用率低的倾向于租赁；但另一方面，平台为了收益最大化，它希望使用率低的客户订阅数字产品，而使用率高的客户租赁数字产品。因此，很多平台同时提供订阅和租赁，并谨慎制定订阅和租赁的价格。

除此之外，对于数字产品的交易有时也通过拍卖进行。主要适用的拍卖方式包括赞助搜索拍卖、无限供应拍卖、无嫉妒拍卖和在线拍卖等。

赞助搜索拍卖（Lahaie et al., 2007）是为搜索引擎等数字化服务商业化的一项创举，通过对搜索引擎中的关键词进行竞价，广告商等内容提供商获得展示自身广告、内容的位置。GoTo.com 创建了第一个赞助搜索拍卖（Jansen and Mullen, 2008）。次价拍卖是促进买家"讲真话"、真实反映买方价值评估的首选。但由于数字产品的边际成本接近 0，数字产品可以无限供应，这使得传统的二价拍卖并不适用，因为次价很可能接近零（Pei, 2020）。因此，利用随机抽样拍卖（random sample auction），将买方随机分成两组分别进行最优拍卖定价，各部分的买者最终能否成功竞得数据取决于其投标价格是否高于另一组买方根据拍卖所定的最优价格（Goldberg and Hartline, 2001）。随机抽样拍卖使得买方的出价与是否获得标的无关，只有按照真实支付意愿出价才可能获得标的，满足了数字产品无限供应条件下真实反映价值的目的（也称作拍卖是激励相容的）。

另一方面，与传统拍卖只进行一轮不同，数字商品的拍卖可能会连续进行，及时公布拍卖结果十分重要。事实上，Ebay 竞拍模式进入中国后的惨淡很大程度上就是因为不能及时回复客户的出价结果。在线拍卖（Lavi and Nisan, 2000）旨在解决不同客户在不同时间出价，拍卖机制必须在每个出价到达时做出决定的问题。Bar-Yossef 等（2002）提出了一个极其简单的激励相容（$O(\text{Log } h)$-竞争）的随机在线拍卖机制，对于每个投标人，系统选择一个随机数 $t \in \{0, ..., \log h\}$，并将价格阈值设置为 $S_i = 2^t$，其中 h 是所有投标人中最高估价与最低估价的比率。

3.4.2 数据产品的直接交易和间接交易

数字产品和数据产品的交易彼此之间有一些可借鉴之处。数据产品交易设计和市场结构有关，当市场仅有一个数据需求者时，众包、众筹等模式比较适用；当市场仅有一个数据卖方且数据产品的价值可预期或部分可知时，传统的拍卖机制、直接定价等部分适用（Akcigit and Liu, 2016; Riley and Samuelson, 1981); 如果市场同时出现多个数据源和数据需求者时，若没有第三方机构存在，数据交易机制将会更加复杂，尤其是考虑到数据资产交易的独特性。

Admati 和 Pfleiderer（1986）最早提出，根据卖方对数据资产加工整合的精细程度，数据交易可分为直接和间接交易。具体地，根据联邦贸易委员会[①]和 Bergemann 和 Bonatti（2019）的分类，如果卖方直接提供未经加工的原始数据，如消费者的年龄、收入等数据，则为直接交易，这是大多数潜在客户开发公司和一些金融数据销售公司（比如 Bloomberg、Wind 等）采用的方式；若卖方通过对数据的整合再加工，形成了一定的标准品或数据资产组合，则为间接交易，现有大多数人工智能公司和大数据公司普遍采取了这一策略。

直接交易模式和间接交易模式的选取，依赖于数据外部性、买方异质性程度、买卖方的市场力量等。Admati 和 Pfleiderer（1990）研究指出，当数据的网络外部性为负且外部性较强时，如果买方相对风险宽容，则间接

---

① 参见 Fed. Trade Comm. (2014): Data brokers: a call for transparency and accountability. Rep., Bur. Consum. Protect., Fed. Trade Comm., Washington,DC.https://www.ftc.gov/system/files/documents/reports/data-brokers-call-transparency-accountability-report-federal-trade-commission-may-2014/140527databrokerreport.pdf。

交易给卖方带来的利润更大,此时卖方将会选择间接交易,如设立数据产品基金,通过控制每股价格控制交易量。当数据的负外部性相对较小或者买者存在异质性时,例如私有信息和需求不同导致买方对数据的组合要求迥异,间接交易中卖方无法设计足够多的数据产品来满足所有买方的要求,此时直接交易反而可能是最优选择。另外,Grinblatt 和 Ross(1985)发现,如果买者是异质的且可能和卖者构成竞争,那么具有一定市场力量的卖者将同时参与数据基金的销售和二级市场的交易,此时卖方的利润不仅在于销售数据基金,还可以通过自己的金融账户直接获得与买方竞争的投资收益。而当卖方处于寡头或完全竞争市场,卖方之间对彼此拥有的数据产品的信息不完全,致使没有卖方可以通过直接交易攫取更大的剩余,此时卖方多选择间接交易。

3.4.3 卖方策略及其影响因素

卖方策略受到数据产品的应用场景、数据特征、市场结构、交易机制设计、买方异质性等因素的影响。数据卖方的策略包括降低信息质量、价格歧视(Fudenberg and Villas-Boas,2012)和提供差异化产品(Shapiro and Varian,1998)等。其中,提供差异化产品的方式之一是事前交易(Ex ante sale)[①],也就是买方在交易前提出具体的数据结构要求,卖方据此开发数据产品;同时也可通过前文提及的间接交易进行设计。

根据数据资产不同的应用场景,卖方可选择不同的交易设计。联邦贸易委员会[②]根据数据产业已有的企业形态,将数据交易按照应用场景分为

---

① 与之相应的事后交易(Ex post sale),指卖方在交易达成前已经设计好具体的数据产品,买方支付该数据产品的费用即可。参见 Bergemann 和 Alessandro(2019)。
② 参见 Fed. Trade Comm. (2014): Data brokers: a call for transparency and accountability. Rep., Bur. Consum. Protect., Fed. Trade Comm., Washington, DC. https://www.ftc.gov/system/files/documents/reports/data-brokers-call-transparency-accountability-report-federal-trade-commission-may-2014/140527databrokerreport.pdf。

营销、风险规避和人员搜索三大类。其中，营销是指运用数据列表（data lists）和数据追加集（data appends）[①]等形式，通过邮件、电话、互联网等对消费人群进行定位、分割和匹配，以及利用数据产品进行营销分析和消费预测，包括广告位销售和精准推送等。风险规避主要应用于个人和机构等信用等级构建和诈骗检测。基于以上应用场景，研究者们设计了不同的交易模式。如果买者购买数据追加集进行风险规避和市场营销活动，比如决定是否对某个消费者推送广告或借贷，Bergemann 等（2019）提出在卖方垄断、买方异质的市场中，由于买方交易前拥有不同的数据资产且对其质量的预判不一，这会导致买方对卖方手中的数据追加集的价值评估不同，卖方可以将这些数据追加集设计成不同的统计实验（假设检验）[②]来筛选买者。由于买者是贝叶斯决策者，卖方可以据此通过买方选择的"一类错误、二类错误组合水平"来识别买方的私有信息，这本质上是二级价格歧视。

当数据存在外部性时，价格歧视和提供差异化产品是常见的策略之一，其核心在于区分买者异质性，真实反映买者的效用。从博弈论拍卖、机制设计等角度来甄别高价值和低价值买方的研究很多。Baake 和 Boom（2001）指出卖者通过设计质量不同的数据产品，通过低价销售或免费赠送低质量的数据产品，将支付意愿和质量需求高的买方导流到高质量付费产品上，从而获取更高的利润。Jones 和 Tonetti（2019）则认为提供"部分数据"（partial information）可以有效识别高价值和低价值买方，因为高价值买方对部分数据的价值评估很低，不会购买不完全数据。Babaioff 等（2012）提供了动态机制设计思路，他们假设数据的价值仅在于改变行动，市场仅存在一个垄断的数据产品卖者和一个可能已经拥有部分数据的买者，双方的

[①] 买方在数据交易前拥有消费者的某些数据，所购买的数据产品作为已有数据的补充。
[②] 比如，原假设 H_0 为"该消费者风险低，宜借贷/推送"，备择假设 H_1 为"该消费者风险高，不宜借贷/推送广告"，给定某个固定的阈值，卖方提供不同的数据产品带来不同的"一类错误、二类错误组合水平"。

私有信息分别是数据（关于世界状态的信息）和买方的估值，买卖双方通过交互式协议（interactive protocol）进行交易。卖方主要有三种协议方式：一是通过密封信封机制（sealed envelope mechanism）向买方透露产品价格（此定价方式下，数据产品被视为一般商品），买方决定是否购买；二是买者支付一定的价格可以获得卖者提供的数据随机样本，再决定是否购买（pricing mapping）；三是卖者先向买者提供一部分随机数据样本，买者基于这部分样本判断整体数据的价值，再决定是否购买（pricing outcomes），这种方式使得卖者可以根据买者的事后选择来判断买者类型并进行价格歧视。但数据产品的低边际成本使得传统的二价拍卖并不适用，因为次价很可能接近零（Pei，2020）。

卖方亦可能只选择众多买方中的一部分人进行交易，这与数据的外部性等特征相联系。Bergemann 等（2018）指出，满足一定条件时，比如卖者对高低类型买者进行产品差异化的边际收益相等，卖者将仅向部分买者销售数据产品；Admati 和 Pfleiderer（1990）则指出，如果数据产品的价格和使用具有负外部性（主要指数据资产价格对数据价值的泄露、数据资产的使用价值随使用者增多而降低），数据供应商将通过设立基金、制定两部定价法（每股价格和固定费用相结合的方式）实现任何数据资产的组合销售，且数据的价格外部性越高，每股价格越高，两部定价法获利越大。考虑到数据的可复制性、易于转售等问题，数据交易最可能采取的方式是"价高者得"，也就是最终只有使用价值最大、支付意愿最高的企业能够使用该数据资产（Akcigit and Liu，2016）。但"价高者得"是一个次优决策，并不能实现利润最大化。

市场结构不同，卖方策略也不同。在卖方垄断市场中，Admati 和 Pfleiderer（1986）提出如果存在数据外部性和买方异质性[①]，卖方销售者可

[①] 有关金融市场卖方垄断市场与买方异质性对卖方策略的讨论，可参见 Grinblatt 和 Stephen（1985）。

能会添加数据噪声或提供差异化数据产品。如果交易方的风险容忍度不同而卖方可以完全歧视，卖者倾向于对风险容忍度更高的买方收取更高的价格；如果卖者不能实现完全歧视，会选择二级和三级价格歧视，促使买方自我选择。在双边市场中，Agarwal等（2019）基于数据的可复制性、协调性、价值事前不确定性等特点，设计出实时在线数据交易双边市场——多个买方需要不同准确度程度的训练数据集来进行市场营销，多个数据卖方共享各自的数据——由统一的在线市场设计不同的数据产品，并基于特定数据组合产品的零后悔拍卖机制，来激励买者透露真实的价值评估，据此对买者销售不同的数据产品和收取价格，按照卖者边际贡献来公平分配数据产品的销售收入。此时，由于卖方没有足够大的市场力量控制市场，其只能提供真实的数据，而非增加噪声或者复制数据滥竽充数。

另一方面，如果原始数据提供者自己并不使用数据，即不与数据买方构成竞争，相比起单个的原始数据提供者，第三方"数据销售商"通常会从多种渠道、多个企业处收集和整合数据产品，相对来说，其提供的数据产品更加多元、综合。因此，原始的数据提供者通常需要平衡自我销售的成本节约效应（减少与第三方销售商的交易成本）和通过第三方销售的销量增加效应（尤其是那些习惯从综合性数据公司购买数据产品的客户）（Raith，1996）。Liu等（2015）指出如果数据产品的需求存在网络外部性，那么原始数据提供者的最优策略是同时进行自销售和第三方销售，并提供差异化数据产品：在自我销售渠道上销售高质量数据产品，在第三方销售渠道上销售低质量数据产品。

第三方数据机构还可以为数据买方提供风险中和与激励机制。Akcigit和Liu（2016）的研究指出，在一个两企业参与、赢者通吃、成功不确定的探索创新（如专利研究）模型中，由于企业激励不足，"死胡同"低效性（dead-end inefficiency）和过早出局低效性（early-switching inefficiency）普遍存在，这时由一个独立的第三方数据销售商来负责补偿创新失败企业的损失，才能弥补企业的激励不足带来的社会福利损失问题。

3.4.4 数据交易技术

传统交易技术和方法可以在一定程度上解决数据交易的部分问题。Varian（1999）曾在他的书中讨论了多种针对数据资产特性的交易设计。针对信息悖论问题，可以通过预览、专家评估、声誉建设等方法加以解决；针对数据资产的可复制性分析，可以通过密封信封（cryptographic envelopes）技术和专利权等手段，或者使用审计、统计跟踪系统。Varian认为也可以接受数据产品的可复制性，将数据商品与销售者希望广泛传播的其他数据进行捆绑销售，通过释放广告等方式赚取额外收益。但是，这些传统手段并不能从根本上解决数据资产交易的独特问题，如数据交易的"信息悖论"问题，数据可复制性带来的数据资产的二次转售的追踪问题。随着区块链和智能合约等技术的发展，上述问题有望得到更有效的解决。

区块链（blockchain）[①] 技术方案可以通过赋权、完整记录交易过程、提供可信的执行环境等来缓解二次转售和其他交易问题。"区块链技术使得参与系统中的任意多个节点，将一段时间在系统内发生的全部信息交流的数据，通过密码学算法计算和记录到一个数据块（block）中，并且生成该数据块的指纹将用于链接（chain）下个数据块和校验。由此，系统所有参与节点来共同认定记录是否为真。"[②] 同时，每个参与区块链的节点的合法性可

---

① 区块链技术是指通过基于密码学技术设计的共识机制方式，在对等网络中多个节点共同维护一个持续增长，由时间戳和有序记录数据块所构建的链式列表账本的分布式数据库技术。参见"什么是区块链"[EB/OL]. 2015年10月19日，http://chainb.com/?P=Cont&id=6, 2020年3月8日。

② 资料来源：https://max.book118.com/html/2019/0315/7050060200002013.shtm。

以得到认证[①]，这能够保证交易节点的真实性和合法性。通过区块链上私钥和公钥的双认证技术可以有效验证数据交易方的身份（杨茂江，2016），同时确认交易环节是否如约进行。另外，生成的时间戳还可对数据资产进行确权，并有效记录交易的时序。由于每个数据资产拥有独一无二的哈希值，这使得数据资产一旦在区块链上被确权，后续的每一次链上行为都会被实时、如实记录，难以被更改和删除，这也在一定程度上为解决数据资产二次转售无迹可寻的难题提供了思路。

区块链和智能合约[②]的结合，在数据交易的"信息悖论"和行为规范方面起到了不可忽视的作用。当智能合约被加载到区块链上时，一旦交易前定下的条件得到满足，协议将自动执行[③]，这能够减少数据交易欺诈的发展，规范交易秩序。Hörner 和 Skrzypacz（2016）提出，假设卖者销售有关某状态好或者差的信号数据，买者对此数据产品的评估价值是公开信息，卖者可以设计自我执行合同来解决买者的失信问题——"缺乏承诺会产生一个阻碍问题：卖者出售数据产品，而一旦买者知晓了数据产品的信息，就没有理由为此付钱"。Su 等（2020）提出了一个基于区块链网络、使用可信执行交易环境（trusted execution environment）的数据交易平台框架，避免了传统集中交易平台的道德风险问题，比如平台截留数据进行转卖、买卖双方的欺瞒问题等。Sabbagh（2019）则针对数据音乐作品的版权保护问题，提出利用 The Music Modernization Act（MMA）[④]建立的音乐作品数据库，结合区块链（blockchain）和智能合同，来实施强制许可方案。

[①] Werbach and Cornell, supra note 199, pp.328。
[②] 智能合同是用代码编写的协议，一旦预定义的条件得到满足，它就会自动执行。参见 Fairfield, J. A. T. (2014), "Smart contracts, Bitcoin bots, and consumer protection", Wash. 和 Lee L. Rev. Online 71:35。
[③] Werbach and Cornell, supra note 199, pp.346-47。
[④] Music Modernization Act, Pub. L. No. 115-264, 132 Stat. 3676 (codified as amended at 17 U.S.C. § 115)，这个数据库的目的是存储音乐作品信息，如版权所有者的身份和位置，并根据实时搜索情况更新。

当然，区块链技术和智能合约本身亦存在数据隐私、可扩展性和互操作性等各类挑战（Underwood，2016），且目前区块链和智能合约尚无法完全解决数据资产的转售等问题。比如，数据持有人仍可以对原有数据稍作改变生成新的数据，虽然数据有所失真，但此时哈希值和时间戳并不能完全消除未经授权的转售等道德风险的影响。

对于隐私、伦理、安全等要求非常高以至于法律上对其交易有所限制的数据，由于其进入市场流通受到了法律限制，为了在合规的条件下解决数据孤岛问题，实现数据整合以产生更大的价值，能够满足隐私保护、数据安全和数据共享的解决方案（相对而言），联邦学习，得到了推崇和应用。联邦学习是在数据不出本地的前提下，通过加密机制下的参数交换等方式进行数据联合训练，建立共享的机器学习模型。[①] 该机器学习模型的主要特征是能够实现不泄露隐私和共同获益。各方数据都保留在本地以实现不泄露隐私，多个参与者联合数据建立虚拟的共有模型以实现共同获益。此时，其分析效果将与各个数据集物理上聚合建模的效果相同。当各个数据的用户对齐（user alignment）或特征对齐（feature alignment）时称作联邦学习。联邦学习为数据共享提供了极大的技术和合规支持，具有很大的公共价值和商业价值。联邦学习有助于在保障隐私和数据安全的情况下，实现大数据价值，带动人工智能各领域的深度融合，从而辅助改善人类的工作和生活；同时，联邦学习作为人工智能发展的底层技术，能够带动跨领域的企业数据合作，提高企业竞争力，降低成本推动创新，乃至通过不断影响供给需求方的关系、服务方式催生新业态。

本章参考文献

Admati, A. R., & Pfleiderer, P. (1986). A Monopolistic Market for Information[J]. *Journal of Economic Theory*, 39(2), 400-438.

[①] 参见微众银行人工智能部等联合发布，联邦学习白皮书2.0，2020年4月。

Admati, A. R., & Pfleiderer, P. (1990). Direct and Indirect Sale of Information[J]. *Econometrica: Journal of The Econometric Society*, 901-928.

Agarwal, A., Dahleh, M., & Sarkar, T. (2019). A Marketplace for Data: An Algorithmic Solution. In Proceedings of the 2019 ACM Conference on Economics and Computation (pp. 701-726).

Akcigit, U., & Liu, Q. (2016). The Role of Information in Innovation and Competition[J]. *Journal of The European Economic Association*, 14(4), 828-870.

Alaei, S., Makhdoumi, A., & Malekian, A. (2023). Optimal Subscription Planning for Digital Goods. Operations Research.

Baake, P., & Boom, A. (2001). Vertical Product Differentiation, Network Externalities, and Compatibility Decisions[J]. *International Journal of Industrial Organization*, 19(1-2), 267-284.

Babaioff, M., Kleinberg, R., & Paes Leme, R. (2012, June). Optimal Mechanisms for Selling Information. In Proceedings of The 13th ACM Conference On Electronic Commerce (pp. 92-109).

Balcan, M. F., Blum, A., & Mansour, Y. (2008). Item Pricing for Revenue Maximization. In Proceedings of The 9th ACM Conference On Electronic Commerce (pp. 50-59).

Bar-Yossef, Z., Hildrum, K., & Wu, F. (2002). Incentive-Compatible Online Auctions for Digital Goods. In SODA (Vol. 2, pp. 964-970).

Bergemann, D., & Bonatti, A. (2019). Markets for Information: An Introduction[J]. *Annual Review of Economics*, 11, 85-107.

Bergemann, D., Bonatti, A., & Smolin, A. (2018). The Design and Price of Information[J]. *American Economic Review*, 108(1), 1-48.

Cong, L. W., Xie, D., & Zhang, L.(2021). Knowledge Accumulation, Privacy, and Growth in A Data Economy[J]. *Management Science*, 67(10): 6480-6492.

Fudenberg, D. & J. M. Villas-Boas(2012), "Price Discrimination in The Digital Economy", In M. Peitz & J. Waldfogel(eds.), *The Oxford Handbook of The Digital Economy*. Oxford University Press.

Goldberg, A. V., & Hartline, J. D. (2001, August). Competitive Auctions for Multiple Digital Goods. *In European Symposium On Algorithms* (pp. 416-427). Berlin, Heidelberg: Springer Berlin Heidelberg.

Grinblatt, M. S., & Ross, S. A. (1985). Market Power In A Securities Market with Endogenous Information[J]. *The Quarterly Journal of Economics*, 100(4), 1143-1167.

Haghpanah, N., & Hartline, J. (2015). Reverse Mechanism Design. In Proceedings of The Sixteenth ACM Conference On Economics and Computation (pp. 757-758).

Haghpanah, N., & Hartline, J. (2021). When is Pure Bundling Optimal?[J]. *The Review of*

Economic Studies, 88(3), 1127-1156.

Hörner, J., &Skrzypacz, A.(2016). Selling Information[J]. *Journal of Political Economy*, 124(6): 1515-1562.

Jansen, B. J., & Mullen, T. (2008). Sponsored Search: An Overview of The Concept, History, and Technology[J]. *International Journal of Electronic Business*, 6(2), 114-131.

Jones, C. I. & Tonetti, C.(2019). Nonrivalry and The Economics of Data[J]. American *Economic Review*, 108(1):1-48.

Lahaie, S., Pennock, D. M., Saberi, A., & Vohra, R. V. (2007). Sponsored Search Auctions[J]. *Algorithmic Game Theory*, 1, 699-716.

Lavi, R., & Nisan, N. (2000, October). Competitive Analysis of Incentive Compatible On-line Auctions. In Proceedings of The 2nd ACM Conference On Electronic Commerce (pp. 233-241).

Liu, Z., Li, M., & Kou, J. (2015). Selling Information Products: Sale Channel Selection and Versioning Strategy with Network Externality[J]. *International Journal of Production Economics*, 166, 1-10.

Longo, D. L., & Drazen, J. M. (2016). Data Sharing[J]. *New England Journal of Medicine*, 374(3), 276-277.

Pei, J.(2020). A Survey on Data Pricing: From Economics to Data Science[J]. *IEEE Transactions on Knowledge and Data Engineering*, 34(10): 4586-4608.

Raith, M. (1996). A General Model of Information Sharing In Oligopoly[J]. *Journal of Economic Theory*, 71(1), 260-288.

Riley, J. G., & Samuelson, W. F. (1981). Optimal Auctions[J]. *The American Economic Review*, 71(3), 381-392.

Sabbagh, C. R.(2019). Envisioning A Compulsory-licensing System for Digital Samples through Emergent Technologies[J]. *Duke Law Journal*, 69: 231.

Savage, C. J., & Vickers, A. J. (2009). Empirical Study of Data Sharing by Authors Publishing in PLoS Journals. PloS One, 4(9), E7078.

Shapiro, C., & Varian, H. R. (1998). Versioning: The Smart way To[J]. *Harvard Business Review*, 107(6), 107.

Shapiro, C., & Varian, H. R. (1999). *Information Rules: A Strategic Guide To The Network Economy*[M]. Harvard Business Press.

Su, G., Yang, W., & Luo, Z., et al.(2020). BDTF: A Blockchain-based Data Trading Framework with Trusted Execution Environment, 2020 16th International Conference on Mobility, Sensing and Networking(MSN), IEEE: 92-97.

Underwood, S. (2016). Blockchain beyond Bitcoin[J]. *Communications of the ACM*, 59(11):15-17.

Varian, H. R.(1999). Markets for Information Goods. In K. Okina & T. Inoue(eds.), *Monetary Policy in A World of Knowledge Based Growth, Quality Change and Uncertain Measurement*. Macmillan Press.

Vives, X. (1988). Aggregation of Information In Large Cournot Markets[J]. *Econometrica: Journal of The Econometric Society*, 851-876.

Vives, X. (1990). Trade Association Disclosure Rules, Incentives To Share Information, and Welfare[J]. *The RAND Journal of Economics*, 409-430.

Varian, H. R.(1999). Markets for Information Goods. In K. Okina & T. Inoue(eds.), Monetary Policy in A World of Knowledge Based Growth, Quality Change and Uncertain Measurement. Macmillan Press.

蔡跃洲、马文君 . 2021. 数据要素对高质量发展影响与数据流动制约 [J]. 数量经济技术经济研究，第 3 期 .

关健 . 2020. 医学科学数据共享与使用的伦理要求和管理规范（八）审核委员会职责和高效的审核机制探讨 [J]. 中国医学伦理学，第 11 期 .

杨茂江 . 2016. 基于密码和区块链技术的数据交易平台设计 [J]. 信息通信技术，第 4 期 .

姚轩鸽 . 2007. 权利视野中的"共建共享" [J]. 中国发展观察，第 5 期 .

第4章 数据定价

数据定价指为数据确定公允的市场价格。《"十四五"数字经济发展规划》[①]指出"鼓励市场主体探索数据资产定价机制","逐步完善数据定价体系"。"数据二十条"也表示"支持探索多样化、符合数据要素特性的定价模式和价格形成机制"。本章讨论的数据是能够以产品等方式"进入"市场流通环节的数据。从最朴素的价值规律出发,数据的市场价格应当受供求关系影响,且总是围绕其价值上下波动。而作为商品的数据,也必然是使用价值和价值的矛盾统一体,数据价值的存在要以数据使用价值的存在为前提,没有使用价值的数据不会有价值;使用价值是数据价值的物质承担者,数据的价值寓于其使用价值之中。

4.1 数据要素的使用价值

数据要素若想发挥其使用价值,通常需要经过从数据到信息,再从信息到知识的概念链条,同时也意味着需要经过完整的生命周期与价值链条(李晓华、王怡帆,2020)。数据的全生命周期与价值链条实际上是从业务数据化再到数据业务化的过程。业务数据化是指将业务运转全过程以数据的形式留存并进行分析,通常涉及数据生命周期与价值链条的前三个阶段,

---

① 参见《"十四五"数字经济发展规划》,资料来源:https://www.ndrc.gov.cn/fggz/fzzlgh/gjjzxgh/202203/t20220325_1320207.html。

即"获取—存储—分析"。数据业务化是指,将业务数据分析得到的结论再应用到具体的业务场景中,以发挥业务数据的反馈作用,实现数据价值。

蔡跃洲和马文君(2021)指出,数据要素使用价值的核心在于对其承载信息的有效提取及应用,这些信息可以提高劳动力、资本等其他要素之间的协同性,通过即时预测、规模效应、模式创新等提升微观经济运行效率和促进宏观经济高质量发展。Cong 等(2021)的数据创新内生增长理论表明,数据在创新过程中,可以被"漂白凝练"为知识,这种知识并不涉及隐私风险,进而可以促进知识、技术和经济的持续增长。可见,数据要素的使用价值主要在于信息价值和知识价值。

4.1.1 数据要素的信息价值

数据是信息的载体。一方面,数据能够为企业提供关于生产经营、组织管理、内控风险等方面的内部事实,改变了从前以商业直觉为依据的决策模式,能够提高决策的科学性和针对性(McAfee et al.,2012)。生产经营方面,数据可以反映商品库存、销量等实时信息,并结合历史及时预测需求变化趋势,协助企业优化、重组生产流程(Dubey et al.,2019)和运营程序(Mishra et al.,2019;Corte-Real et al.,2020),选择更优的生产技术(Veldkamp and Chung,2019),减少因机械式生产运营带来的成本高企问题(Santoro and Usai,2018),促进生产精细化、经营经济化。组织管理方面,Zeng and Glaister(2018)、Akhtar et al.(2019)指出在大数据环境下,企业更容易打破内部科层边界,促进跨部门合作和矩阵式组织结构的形成,提升企业内部组织结构柔性程度,继而提高企业整合资源、创造价值的能力。另外,数据还能够帮助企业实现供应链管理可视化,从而提高企业供应链的管理效率(Ransbotham and Kiron,2017),以及与供应商在业务全生命周期的协同能力(Yu et al.,2019)。内控风险方面,数据收集是企业,尤其是以商业银行为代表的金融机构进行风险管理的首要前提(高建峰、张志荣，2014）。魏国雄（2014）指出对数据的充分挖掘与有效使用有望实现信息流、资金流和实物流"三流合一"，提高企业对业务风险的识别能力，进而促进企业的良性健康发展。程平和万梦竹（2023）从企业风险管理理论出发，以数据采集、处理为核心，构建了企业大数据智能风控的技术框架与实施流程。

另一方面，数据还能协助企业感知外部信息、实现精准营销，从而降低因市场环境变化和信息不对称造成的损失。正确、及时地获得外部信息对于企业的生存和竞争均至关重要（Kubina，2015）。Yan等（2015）通过对点对点借贷平台的研究发现，数据有助于缓解借贷过程中债权人和债务人的信息不对称问题。传统营销方式难以精准识别潜在消费者，而对用户数据的采集、积累与挖掘能够形成多维用户画像，这对企业实现精准营销也有重要作用（李晓华、王怡帆，2020）。Grover等（2018）、李晓华和刘尚文（2019）指出企业通过数据分析能够更好地了解消费者偏好，从而为消费者提供更具个性化的产品和服务，打造竞争优势，提高企业绩效。Dong和Yang（2020）、Dremel等（2020）认为社交媒体等内容平台是企业和消费者间的信息渠道，能够帮助企业优化营销策略。李三希等（2021）从信息经济学视角概括了数字经济全景，指出活动数据化、数据信息化是数字经济的核心特征。活动数据化和数据信息化的过程也是消费者与企业互动的过程，匹配、排序、在线评论声誉、消费者数据分析等都是降低信息摩擦的重要机制，如图4.1所示。

Höchtl等（2016）和Coulton等（2015）的研究表明，大数据分析还可以改进政府的政策决策过程，并帮助公众参与政策制定。政府可以利用大数据情景分析实时评估政策措施的效果，并根据情况及时制定替代方案。这有助于政府更灵活地应对复杂的社会问题。此外，通过广泛参与的机制，政府能更好地了解公众需求，将资源分配到需要改善的领域，提高社会福利水平。

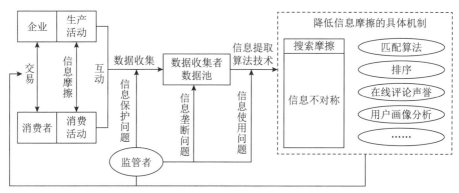

图 4.1　信息经济学视角下的数字经济全景（李三希等，2021）

数据的信息价值也获得了实证支持。Brynjolfsson 等（2011）通过对美国 179 家上市公司的微观数据分析，认为若企业采用数据驱动型决策，其生产效率将比其他投资和使用常规信息技术的生产效率高出 5%~6%。McAfee 等（2012）、Müller 等（2018）则进一步证明了在同一行业内部数据驱动型决策占比越高的头部企业，尤其是信息技术行业和竞争性行业，平均生产率均会高于其他竞争对手 5% 左右。目前，数据驱动型决策至少已经出现在制造、金融和教育等行业。不过，有学者指出数据的信息价值未必总是正向的。数据驱动决策的质量取决于多种因素，不能始终为企业提供科学、准确的决策（Janssen et al.，2017）。数据的集聚也可能会导致"超级明星公司"的出现，进而造成一定程度的垄断（Tambe et al.，2020）。此外，以"大数据杀熟"为代表的数据滥用也会侵犯消费者隐私，影响消费者福利，甚至制约社会整体福利水平的提高（Colombo and Ferrari, 2015; Bergemann and Bonatti, 2019）。

4.1.2　数据要素的知识价值

数据中蕴含海量信息，而对这海量信息进行整理、辨别、分析和演绎后，结合背景、经验、技能、价值观等便能形成知识。数据的知识价值主要在于数据能够进入企业的创新过程，能够促进新技术、新产品、新模式等新元素的产生与应用,改变企业组织生产要素的既定范式,给企业带来创新性价值。通过数据驱动的知识生产,可促进新知识发现、资源配置优化、生产效率提高,从而创造更多经济社会价值。数据生产要素在推动知识生产和经济增长中扮演关键角色,数据与信息通信技术(ICT)产品融合是全球经济增长的主要推动力之一。通过不断改进大数据分析技术,提高了新知识发现率,进而提高了整体生产效率。

数据能够促进技术进步,继而推动经济增长。宏观层面,Cong 等(2022)认为数据的积累能够促进创新,且一旦此种创新进入生产过程,数据中的隐私风险会由于数据"漂白"为知识而消失。杨俊等(2022)通过构建多部门熊彼特质量阶梯模型将数据要素内生化引入生产函数,指出数据要素与其他要素存在融合成本,短期将会因为研发模式转型而抑制产出,但长期来看,数据有望通过乘数作用提高中间品质量水平,并促进技术进步。中观层面,余东华和李云汉(2021)指出数据能够驱动数字技术创新,而数字技术能够驱动创新链提升、价值链跃迁和多链融合,进而提高产业链群生态体系在企业成本、协同与创新能力等方面的竞争优势。刘翠花(2022)通过使用 2010 年至 2020 年的中国省级面板数据,证明了数字经济发展能够通过促进科学技术创新和社会分工深化助力实现产业结构升级和创业增长。微观层面,数据及其相关技术也将通过促进技术创新、融合与优势互补等提高企业生产效率、促进经济高质量发展(杜传忠、张远,2021;陈晓红,2018;宋洋,2020)。

数字技术的发展为企业低成本、高效率地获取用户信息提供了便利条件(Ghasemaghaei et al.,2017),数据提供的外部信息对于新产品的研发也至关重要。新产品的研发通常需要进行市场调研,以便深入了解消费者的潜在需求。数据资源和数据分析技术便可助力企业洞察市场需求,从而选择合适的产品开发策略,让新产品更好地满足消费者需求(Gupta et al.,2020)。同时,在智能手机、平板电脑等移动终端高度普及的今天,消费者的搜索、浏览、点击、收藏、购买等行为数据均被商家尽收眼底，切实增强了消费者的参与性及与商家的互动性（Moe and Schweidel，2017）。Zhang 和 Xiao（2020）对 B2B 企业调研发现，商家与客户之间的互动对于促进产品创新、提高产品满意度有十分重要的作用。除了能够协助构建商家与用户的创新系统（Zhan et al.，2017）外，数据对于提高产品创新系统的运作效率也有所助益（Urbinati et al.，2019）。

数据也推动了生产模式、服务模式甚至商业模式等的创新。生产模式方面，数据既赋能了农业、工业等传统行业，让农业生产高端化、精准化、自动化（董志勇、王德显，2019），让工业制造数字化、智能化、智慧化（孙立，2016），也推动了媒体等内容行业焕发新生（喻国明、李慧娟，2014），孕育了传感器新闻（许向东，2015）、机器人新闻（孙瑛，2016）等新的内容生产模式。服务模式方面，"技术框架 + 用户核心"成为大数据背景下重要的信息服务模式（韩丽华、魏明珠，2019），服务的个性化和安全性均有大幅提高（林颖等，2015）。同时，数据也驱动了公共管理和政务服务的模式创新，在促进国家治理体系和治理能力现代化的过程中发挥了关键作用。商业模式方面，数据对于企业发现新的市场蓝海也有积极作用（Woerner and Wixom，2015；Ciampi et al.，2020）。荆浩（2014）的研究表明，大数据与商业模式结合能够为企业带来经济、运营和战略 3 大层面的竞争优势。易加斌和徐迪（2018）进一步指出数据对商业模式的影响是方方面面的，具体体现在价值主张、价值创造与传递模式和价值获取这 3 个顶层要素上。谢卫红等（2018）则通过实证研究证明了大数据应用能力在高管支持与商业模式创新中发挥了部分中介作用。

数据生产要素提高了对有用知识组合的准确度，加速了新知识的发现（Agrawal et al.，2018），其与传统产业的融合不仅促进了产业融合和创新，还催生了新的产业形态，为经济增长注入新的动力。产业数据化和数据产业化的发展，拓展了产业链和价值链，带来新的价值增值环节。例如，共享经济平台如 Uber 和 Airbnb 就是通过数据整合和共享，创造了新的商业模式，形成了数字化服务产业。Byrne 和 Corrado（2020）的研究发现，数字服务内容的创新对美国年均 GDP 增速的贡献非常显著，约为 0.3%~0.6%。大数据分析、数据存储和数据安全等领域的企业，正在成为数据产业的重要参与者，为数据的收集、存储、处理和分析提供了关键的技术和服务。根据加拿大统计局（2020）的研究，该国在数据资产上的投入年均增长 5.5%，这表明数据资产已经成为加拿大知识产权的核心内容之一。随着数字化技术的不断发展，数据经济和知识经济将继续发挥关键作用，推动产业的不断演进和创新。

4.2 数据作为信息产品的定价

从研究历史上看，数据作为重要资源与生产要素进入学者视野不过十余年。其起始时间与"大数据"一词的爆火基本同步。"大数据"这一概念由 Mayer-Schönberger、Cukier 于 2008 年在《大数据时代：生活、工作与思维的大变革》一书中提出，指使用所有数据进行处理分析，而非采用抽样调查等随机分析方法进行简化处理。而在此之前，学者对信息产品、比特产品、数字产品等的研究已经积累了许多成果，可被视为数据产品定价的研究源头。事实上，信息是数据承载的内容，数据本身只是无序的数字、字母或符号，只有当这些数据被组织、分析和解释时，它们可以转化为有意义的信息，进而发挥其作为信息产品的价值。

4.2.1 信息产品及其相关概念

信息产品是一切可被数字化（digitalized）的产品（Varian，1999）。信息作为商品最早可追溯至 20 世纪 20 年代。1921 年，奈特在其著作《风险、不确定性和利润》中便指出"信息是主要的商品之一"，将有大量资金被投入到信息活动中去。中国知网数据库显示，国内关于信息产品的研究可以追溯至王焕瑛（1986）、杨泉（1986）。二者在分析信息产品特性和信息产品类型的基础上，对信息产品的价值构成与理论价格进行了初步探讨。耿允玲和刘培刚（2005）按照有无载体及载体形式，将信息产品划分为有形信息产品、无形信息产品和比特流信息产品。有形和无形信息产品的主要区别在于有无物质载体，而比特流信息产品则既是有形的也是无形的。这是由于互联网这一传播载体的特殊性，既存在光缆、终端等物质形式，而传播过程又以人类难以直接感知的形式进行。

信息产品可以分为数字产品（digital goods）和数据产品两大类。数字产品指以数字形式存储、表现和使用的人类创制出来的思想、知识成果，如软件、音乐、电子书、视频、在线课程等，可以下载或传输到用户的设备上。数据产品（data goods）指由网络、传感器和智能设备等记录的关于特定对象（可以是任意物体、人和其他对象）的行为轨迹和关联信息，可联结、可整合和可关联某特定对象，具有较强的分析价值的内容，也可以称为比特产品（马秋楠，2009）。在计算机与互联网时代，数据产品是信息产品的重要形式，且占比正在与日俱增。

数字产品和数据产品之间的主要区别在于它们的单位粒度是否具有独立的价值，以及价值的产生方式和消费手段。数据产品以数据单元的集合形式创造巨大的价值，具有灵活的可聚合性，需要通过计算工具进行挖掘和分析才能实现其价值，而数字产品通常以独立的单位形式直接被消费。此外，数据产品的可复制性使其能够以多元的形式改变、转换和转售，相较于数字产品，更难鉴别和追溯其转售过程（Pei，2020）。

夏宜君和姜奇平（2017）认为信息产品主要具有高固定成本和低边际成本、非稀缺性、网络效应三个特点。马秋楠（2009）指出信息产品具有载体依附性，但其内容、质量甚至规模与载体无关，通常同一信息产品可由多种介质承载，使得信息产品具有丰富性；从消费特性上看，信息产品具有无损耗性、时效性、增殖性、相对性、经验性；从经济特性上看，信息产品具有规模经济性、价值不定性、非独占性、非对称性和网络外部性。此外，信息产品还具有非实体和无消耗性（存续期间可被无限循环利用）、自生性（self-generating）、形式多样性（通过技术转化为多样化的产品或服务等）、可整合性和多次衍生性（根据异质性需求多次衍生出不同的产品等）、价值场景依赖性等多重特点（熊巧琴、汤珂，2021）。

4.2.2 信息产品的定价

数据价值具有高度情景相关性，在脱敏基础上，数据资源化、资产化和资本化的多个阶段都可能产生数据价值评估的场景需要。欧阳日辉和杜青青（2022）指出数据要素市场结构复杂，涉及单边市场交易双方的博弈和多边市场中的"柠檬市场"。数据资产定价需要跨学科研究方法，包括价格理论、价值理论、运筹学、电子商务、大数据管理、数据挖掘和机器学习等领域，通过结合多个领域的理论和方法，以实现全面、综合的数据资产定价。

与传统商品不同，流通的可能是数据加工使用权、产品经营权，也可能是数据持有权，因而除成本、数据价值外，场景因素、消费者异质性对信息产品的价格影响也很大。金建（1988）总结了信息产品价格形成的影响因素，包括使用价值（效用）、社会必要劳动时间、使用信息后节约的社会劳动量以及需求、生产者地位等市场因素。Varian（2000）认为消费者的保留效用决定了信息产品的价格。Gudepudi 和 Nils（2001）指出信息产品的效用在不同消费者间存在异质性，生产、定价等行为必然会受到消费者效用水平的影响。张修志和黄立平（2007）指出边际成本法、需求定价法等传统方法没有考虑消费者的偏好，而信息产品的价值与消费者偏好密切相关，在给信息产品定价之时应当考虑消费者偏好的差异。衣晓雷（2011）、陈婷（2012）分别从感知价值或体验价值视角对信息产品设计了定价的概念模型。

信息产品的信息属性导致其生产者特征也会影响产品价格。按照消费者对商品质量信息的了解先后及掌握程度，Nelson（1970）将商品分为搜寻商品（search goods）和经验商品（experience goods）两类，Darby 和 Karni（1973）在其基础上提出了商品的"三分法"，新增了"信任商品"（credence goods）这一类别。搜寻品是指消费者在购买商品之前可以通过自己检查便能够判断其质量的商品，买卖双方信息不对称的程度最小；经验品是指消费者只有在购买并消费商品之后才能给予质量评价的商品，信息不对称程度次之；而信任品则是在消费商品之后也很难明确其质量高低的商品，信息不对称的程度最高。显然，相较于搜寻品和经验品，信任品的买方具有较强的被动性，通常无法判断产品是否完全符合卖方承诺，或者在判断时需要付出极高成本（Dulleck and Kerschbamer，2006）。因而，消费者在选购信任品时通常会通过考察生产者资质、能力等来决定是否购买以及购买数量。信息产品至少是作为经验品而存在，甚至有的深度加工信息产品还是一种信任品，生产信息产品的生产者特征必然会影响其价值。

对于信息产品定价策略的类别，Brindley（1993）概括了成本导向、需求导向和市场结构导向三大类。成本导向的信息产品定价策略需要考察信息产品成本的具体构成，包括固定成本和可变成本、首次生产成本和边际成本等因素。信息产品的成本结构突出地体现为高固定成本和低可变成本。在生产首个信息产品时的成本非常高，但此后再生产该产品的成本几乎可以忽略不计。这使得信息产品存在着规模经济，即生产得越多，平均成本便越低（曾楚宏、林丹明，2003）。这种成本结构会导致传统定价方法失去作用，且需要在成本之外增加合理利润。需求导向的信息产品定价需要考虑消费者的偏好、效用、支付意愿及对信息产品的感知价值。市场结构导向的信息产品定价则主要考虑信息产品市场中其他竞争者的定价策略。

在完全信息市场的假设下，信息产品常见的定价方式较多。例如，可按使用时长和使用量收费,定价因子可包括使用时间、使用量或范围的限制;按使用时长收费,不限制使用量或范围,例如 Aggdata 允许消费者在一定时段内访问超过数千个数据集。也可按使用量收费,这种方法通常面向不常使用的消费者。还可以采取两部收费法,例如 Mathsnip OCR API,每月 50 次限额,超过后按照每次 0.01 美元收费。分层定价法以及歧视性定价策略、捆绑或版本定价等方法也是数字产品常见的定价方法。付力力(2003)指出当信息产品具有网络效应时,免费派送信息产品的低端版本以扩大其网络价值是信息产品生产者的基本策略。郭春芳(2019)将层次分析法与蒙特卡洛模拟结合,为数据型大数据信息服务设计了定价模型,改善了单独使用层次分析法的专家打分不确定性缺陷。同时,其指出大数据信息服务的价值随着数据加工深度的不同而不同,并将大数据信息服务分为 0 次(原始信息)、1 次(初加工信息)、2 次(信息统计分析)、3 次(知识挖掘),认为不同层次的信息服务应当适用不同的定价策略。

Wu 和 Banker(2010)探讨了固定费用定价、根据使用情况定价和两部制定价的适用场景,在边际成本、监督成本为零且消费者同质时,固定费用定价和两部制定价可以达到同等利润水平,但若消费者存在最大消费水平差异,采用两部制定价方式获得的利润更多。Bashyam(2000)研究了"打包信息服务"和"在线信息服务"两种信息服务类型在双头垄断市场中的定价策略,其模型结果表明"打包信息服务"提供商将会选择固定收费,而"在线服务提供商"则会选择固定收费和边际收费两种模式。

不少信息产品生产者也出于扩大用户群体(Lee et al.,2006)、打击盗版行为等目的采取免费策略。Niculescu 和 Wu(2014)指出免费版可以分为功能限制型免费和时间限制型免费两类。曲创和阴红星(2010)认为免费定价策略分为限制式、互补式、平台式、捆绑式四种不同形式。Halmenschlager 和 Waelbroeck(2014)认为免费模式是打击盗版的有效工具。Choi(2015)则进一步通过实证研究了 APP 内购买选项、免费版本和

APP 价格对 APP 盗版水平的影响，发现提供免费版本对盗版水平有负面影响。朱宾欣等（2021）指出网络外部性是影响盗版率的重要因素，当网络外部性较小时，使用免费版本策略能够降低盗版率，而当网络外部性较大时，使用免费版本策略反而会提高盗版率。网络外部性除了会对盗版行为产生影响外，也会影响信息产品生产者的产品版本控制策略的选择（Jing，2006）。Haruvy 等（1998）研究发现在网络外部性影响下，免费或试用版本的推出尽管能够增加市场需求，但也可能会蚕食高质量版本信息产品的市场。Conner（1995）则指出正版信息产品的需求随免费版本的引入而保持不变，这是因为正向的网络效应恰好抵消了负面的蚕食效应。Cheng 和 Tang（2010）发现在网络外部性较强时，信息产品垄断者仅提供免费版本比提供两种不同质量的信息产品更加有利。杨双等（2022）的模型表明较大的网络外部性更有可能促使正版厂商选择免费策略。

在不完全信息市场假设下，合同、拍卖机制、差异化定价、定制化服务等则是数据产品应对信息不对称和买方异质性的主要定价方式选择。张宇和唐小我（2006）认为在线信息商品定价策略主要有捆绑定价、产品共享、在线拍卖、价格歧视等模式。根据不同的市场结构，数据的卖方、买方都可以进行委托代理，提供不同合约。如果数据价值链（关于数据提取、开发和价值实现的量等）不可合约，权属的初始配置可能影响市场效率（Dosis and Sand-Zantman，2020）。合约设计的影响因素包括数据使用量、数据的使用权或经营权、买方偏好等。欧阳日辉、杜青青（2022）总结了考虑市场结构的拍卖机制分类，例如卖方享有拟定合约（定价）权，买方有关于数据价值的私人信息等。

近年来，信息服务成为信息产品的重要形态，不少学者也针对信息服务定价策略、机制与模型进行了探索。张宇和唐小我（2006）指出相对于消费者的消费能力，信息服务提供商及其服务能力总是有限的，因而总是需要"排队"。针对此种矛盾，学者提出了拥挤定价（congestion pricing）

和优先定价（priority pricing）两种策略。前者关注消费者自身行为对其他消费者的影响，后者则强调在排队系统中部分消费者存在优先享受服务的需求。显然，优先定价策略激励消费者为优先得到服务提供相应支付，而拥挤定价策略认为消费者是以自身为中心的，更加关注消费者行为的互相协调。拥挤定价要求信息服务的价格考虑消费者享受服务时给其他消费者带来的机会成本，由 Mendelson（1985）首先提出。其认为垄断信息服务提供商的最优定价水平应当等于因为网络外部性造成的边际延迟成本。Mendelson 等（1990）进一步将这种成本进行了内在化。Cobham（1954）首先研究了队列中获得优先服务的问题，Marchand 等（1974）研究了队列中的优先定价问题，但其定价方法并不总能满足激励相容条件。Tilt 等（1979）则提出了先到先服务、后到先服务原则下的定价结构。张宇等（2007）提出了在线信息服务优先期权的概念，并通过建立动态方程研究了其定价问题，刘德志等（2013）则进一步通过实证分析了信息服务优先定价期权的有效性。

总的来说，数据资产的定价应遵循一系列基本原则和特性原则，如反映买家效用、最大化卖方收入、公平分配收入、无套利、隐私保护和计算效率等（Goldberg et al., 2001；Pei, 2020）。各种定价方法体现了这些原则的平衡和融合。例如，线性规划方案可实现卖方收入最大化、无套利和公平分配，而随机抽样拍卖可促使价格反映买家效用。

4.3 数据作为知识产品的定价

4.3.1 数据作为知识产品的适应性

法学界关于数据产权保护路径的争论亦可能出于对数据（产品）不同形态的不同认识。如认为数据适用物权保护路径的学者将数据归类为无形财产，又如认同数据为合同法保护客体的学者则认为数据是一种能够被合同法律主体享有的权利和承担的义务所共同指向的对象。事实上，因为数据具有场景性，在不同场景下能体现出不同法律保护客体的相应特点。在非交易场景下，数据可被视为无形资产与核心竞争力，物权法和反不正当竞争法保护路径可部分适用；在数据的信息性交易场景下，相对标准化的数据产品可以表现出一般商品的特点，可视为合同法的指向对象；而在数据的知识性交易场景下，数据则表现出知识产品的对应特点，可适用知识产权的法律法规和定价方法。

数据知识产品是指基于数据和数据分析技术提供的具有知识价值的产品或服务。这种产品以数据或数据技术为基础和表现形式，且在生产过程中需要使用旧知识或（和）产生新知识，如科研数据、算法程序、数字化解决方案等，能够为购买者提供解决某个具体问题的专门知识，帮助购买者发掘商业机会、实现经济价值或提高其创新能力，通常具有一定的秘密性。

目前，学界关于数据知识产权的专题研究逐渐增多。早期学者提出可以将数据纳入知识产权法的保护范围，或以数据与知识产权的相似性为切入点探讨数据产权的保护路径（芮文彪等，2015；王舒等，2016；王广震，2017；程文婷，2018；郝思洋，2019；俞风雷、张阁，2020；锁福涛、潘政皓，2022；冯晓青，2022；吴桂德，2022）。吴桂德（2022）从数据本体论出发，认为商业数据具有无形性、创造性、价值性，存在有限排他性保护需求，同时可能存在秘密性，可考虑根据不同加工程度的数据存在的不同属性，按照"商业秘密前置—著作权法扩展—反不正当竞争法兜底"的"三步走"渐进式保护路径。高阳（2022）指出衍生数据不同于记录事实和客观现象的数据，是通过智力和劳动投入，运用算法及分析模型将原始数据进行清洗、整理、加工、挖掘、分析得到的具有创造性的数据产品，对于揭示未曾发现的事物间的关联具有重要作用，可以作为知识产权的保护客体。胡锴等（2023a）给数据知识产权明确了定义，指出"数据知识产权是对原始数据进行信息化、知识化加工后，促进其具备知识产品特征并成为知识产权的保护客体"。胡锴等（2023b）也为技术和数据知识产品设计了交易平台的基本架构和技术实现路径。

其次，国家层面已将数据知识产权列入相关文件并着手开展数据知识产权保护工作试点。顶层设计方面，《知识产权强国建设纲要（2021—2035年）》指出"加快大数据、人工智能、基因技术等新领域新业态知识产权立法""研究构建数据知识产权保护规则"。2022年11月，国家知识产权局发布通知，将在北京市、上海市、江苏省、浙江省、福建省、山东省、广东省、深圳市等8个地方开展为期近一年的数据知识产权工作试点。2023年1月，国家知识产权局提出数据知识产权的保护客体为数据处理者，保护对象为经过一定规则处理且处于未公开状态的数据集合，进一步强调了数据知识产权的秘密性。

以上研究和法律法规的发展，一定程度上反映了数据产品作为知识产品的适应性。数据知识产权是数据知识产品生产者对其生产的数据知识产品的独占性权利，通过数据知识产权保护具有知识价值的数据要素，也意味着数字经济时代知识产权适用范围的再度扩大。

但目前对数据知识产权必要性的争议也存在。例如，部分学者认为，对于诸如茅台酒配方等专门知识型数据或数据技术，现有的商业秘密等法律法规已经在很大程度上覆盖了数据知识产品所包含的知识和机密信息，因此不需要额外的、专门针对数据知识产权的法规。也有学者认为，数据财产权更为适用和前瞻，因为它们更强调专门知识型数据或数据技术本身作为一种资产的价值和重要性，而不仅仅是知识的传递。这种观点强调其经济意义，有助于更好地满足数字时代的需求。因而，本部分仅简单介绍数据知识产品的定价模式。

4.3.2 知识产品的价值评估和定价

知识产品是人类通过知识劳动得到的创造性成果,当其通过知识产权认定时,知识产品的生产者便获得了排他性权利。知识产品与知识产权同为知识经济的重要组成部分,二者既有区别,也有联系。从概念范畴上,知识产品是经济活动的对象和产物,属于经济学概念,而知识产权则是保护知识产品的手段和法律基础,属于法学范畴。从逻辑关系上,知识产品是形成知识产权的前提和基础,创造性是知识产品构成知识产权客体的条件,没有创造性的知识产品通常没有知识产权。知识产权是基于创造成果和工商标记依法产生的权利的统称,具有专有性、时间性和地域性。专有性表明法律保护权利人对知识产权的独占,未经权利人许可,任何单位和个人不得使用其知识产权。法律对于知识产权的保护在时间和地域范围上通常是有限的,这使得知识产权具有时间性和地域性的特点。我国《民法典》中承认的知识产权客体有作品、发明、实用新型、外观设计、商标、商业秘密等以及法律规定的其他客体。其中,著作权、专利权和商标权是最主要的三种知识产权形态。知识产权的存在能够保护知识产品生产者合法权益,从而鼓励个人、企业和组织从事创新活动(单春霞等,2023),促进经济增长(Falvey et al.,2006)和高质量发展(聂长飞等,2023)。

陶峻和马力(2005)指出知识产品的价值决定较为复杂,因为知识产品的价值主要来自脑力劳动消耗,难以衡量其社会必要劳动时间,且成本结构特殊。张海涛和唐元虎(2003)表示知识产品的价值反映的是产品本身所代表的知识的价值,因此,在对知识产品定价时,既要考虑产品制造成本,也要考虑知识产品的价值后验性,即知识给消费者带来的价值是不同的,且只有消费后才能确定效用。陈搏(2007)认为在此特性下,信任是知识交易的起点,知识产品买方购买的实际为使用知识的未来收益,但是产品的具体价值还取决于买方利用知识产品的能力。

李长玲（2006）概括了知识产品的常见定价方法，如按照消费者、时间和版本进行的差别化定价，捆绑销售等。赵静宜和程明（2019）指出在线知识付费平台的定价方法主要有知识生产者自主定价、平台与知识生产者协商定价两种。也有学者认为中国知识付费市场定价存在生产者定价、消费者定价和平台定价三种模式，具体方法可能会依据时间、问题、项目等因素而不同（张辉锋、景恬，2021）。刘征驰等（2018）探讨了如何在发布式定价和协商式定价两种定价策略间进行选择，指出应当以知识定制化水平为标准，当知识定制化水平较低时采用前者，反之则选择后者。张辉锋和景恬（2021）认为知识产品定价应以成本为下限，消费者感知价值为上限，综合考虑成本、预期价值、认知距离和信任程度四个因素。

不同类型知识产权的价值影响因素存在一定差异。

专利方面，法律、技术和经济因素是目前公认的价值影响因素。法律因素方面，通常包括专利同族大小、专利引用情况、专利权利范围、专利有效期限以及专利法律状态（谢萍等，2023；李锋等，2013；潘颖，2014）。专利同族是指同一技术后续衍生的其他专利与相关专利在其他国家申请的专利集合。Harhoff 等（2003）指出同族专利数量越多，专利价值越高；引用次数越高的专利越有可能是基础性专利，进而价值更高。专利法律状态是指是否存在有关专利纠纷的诉讼，一般认为涉诉专利的价值更高（刘华楠，2018；Lanjouw，2004）。技术方面，专利的价值受到技术的先进性（刘玉琴等，2007）、替代性（李振亚等，2010）、适用性（郭状、余翔，2020）、实用性（王雅妮、杨景海，2018）、成熟性、成本、收益、市场等因素的影响。经济方面，罗立国（2018）指出，一般只有高价值专利才能够进行质押、许可等活动。当把专利视为商品时，市场的供求状况、竞争状况自然也会对其价值产生影响。除了法律、技术和经济三个因素之外，

Grimaldi 和 Cricelli（2020）、李秀娟（2009）、邱洪华和陆潘冰（2016）等学者也提出了战略、风险、管理等因素也会影响专利的价值，但基本没有超脱法律、技术和经济这三个根本范畴。

商标权方面，郑乃林（2007）指出商标本身状况，如核准注册、使用等法律状态等影响商标价值。姚春艳（2010）认为，商标的设计与宣传成本、知名度、宏观经济状况等对商标价值有所影响。林建红和林洱（2022）通过对287篇文献的数据分析，总结了商标价值的6个来源：成本、信誉、权利、劳动、获利能力及使用价值。

著作权方面，陈伟斌和张文德（2015）认为网络信息资源著作权的价值受社会、法律、经济等宏观环境因素和市场供求关系等方面的影响。刘伍堂（2010）对电视剧著作权的价值影响因素进行了分析，指出题材、观众关注度、经营企业能力等电视剧供给侧因素，以及行业前景等环境因素均能够影响电视剧著作权的价值。张文德等（2009）也对科技文献著作权提供了评估指标体系，认为应从影响力、传播力、内容质量和成本等社会、经济、数字化效益方面着手进行价值评估。

数据知识产品的价值影响因素存在多个层面的影响：其一，数据是数据知识产品的重要投入，数据的来源、质量及使用情况直接关系到知识产品的质量。其二，数据知识产品作为一种知识产品，同样具有知识产品的特殊性，即由于知识产品的价值后验性，知识产品的交易对知识产品的生产者有较高的资质要求，知识产品的消费者倾向于信任行业地位较高的生产者。其三，数据知识产品如能被纳入知识产权法的保护客体，那么与专利权等其他知识产权相同，法律、技术与经济因素也会影响其价值。本书通过全面考虑数据知识产品生产过程中涉及的主客体，综合数据资产与知识产权的价值评估指标，总结了投入质量、供方能力、产出结果三个一级指标，表4.1展示了递阶层次结构模型。

表 4.1 数据知识产权价值评估指标体系

目标层	准则层	方案层	方案层释义
数据知识产权价值	投入质量	数据数量	被评估对象的投入数据数量满足生产所述数据知识产权生产要求的程度
		数据来源	被评估对象的投入数据来源的权威性、可信性
		数据规范性	被评估对象的投入数据符合相关标准、业务规则以及元数据规定的比例
		数据准确性	被评估对象的投入数据内容、格式正确的比例
		数据时效性	被评估对象的投入数据记录的时间符合所述数据知识产权要求的程度
		数据一致性	被评估对象的投入数据内部相关内容及后续更新内容符合一致性要求的比例
	供方能力	企业规模	被评估对象生产企业的规模大小
		经营范围	被评估对象生产企业的经营业务范围与数据知识产权的契合程度
		行业地位	被评估对象生产企业的行业地位领先程度
		研发强度	被评估对象生产企业的研发投入强度
		已有知产数量	被评估对象生产企业已有与被评估对象相关的知识产权数量的多少
		已获知产收益	被评估对象生产企业已获得的与被评估对象相关的知识产权收益的多少
	产出成果	引用情况	被评估对象前引相关专利或科学技术文献的数量的多少
		同类数量	与被评估对象作用、功能相似的数据知识产权数量的多少
		有效期限	预计被评估对象失去经济价值的距今时间
		法律状态	被评估对象涉及法律诉讼的案件数量
		创新程度	被评估对象与国内外已有相关知识产权的不同
		潜在应用规模	被评估对象的基础性及应用市场前景

其中，投入质量的二级指标主要从数据来源、数据数量以及数据质量三个角度出发进行选择。数据来源是决定数据是否可信的关键因素。无论是传统计量方法抑或是机器学习模型，在其他条件相同的情况下，数据

数量越多、规模越大往往能够获得更高的精度、更好的效果（林娟娟等，2023）。当然，这种作用可能会在数据规模达到一定数量级时便会消失，产生"饱和效应"（Abnar et al.，2021）。数据质量方面，规范性、准确性、时效性和一致性是判断数据质量的关键所在。供方能力主要从供方历史创新能力、现有行业地位以及经营范围与数据知识产权的相关性三方面筛选二级指标。其中，供方历史创新能力将以研发强度、已有相关知识产权数量和已通过相关知识产权获得的收益为衡量指标。此外，参考Georgia-Pacific十五因素，结合专利价值评估指标，确定了引用情况、同类数量、有效期限、法律状态、创新程度和潜在应用规模作为产出成果的二级指标。

4.4 数据作为资产的定价

4.4.1 数据资产的定义

国际会计准则财务报告概念框架（Conceptual Framework for Financial Reporting 2018）将"资产"定义为："由过去事项形成，由企业实际控制的现有经济资源。"其中，经济资源指的是未来可能产生经济收益的权利，并不要求资源具备物质实体性。此外，财务报告框架中提及的"未来收益"是其他企业所不能同时获得的经济收益。鉴于此，企业数据确认为资产应该具有以下三大特征：（1）企业具有该经济资源的控制权，但不要求一定是所有权；（2）经济资源是未来产生经济收益的现时权利，能够带来其他企业不能获得的经济收益；（3）形成于企业的历史事项，能够反映企业的历史信息。

因此，从会计确认的角度来看，将数据资源确认为资产的一个重要条件是企业必须能够对该资源实施"控制"。数据产权为企业对数据资源的"控制"能力提供了法律依据，但不同的数据产权类型下，产权主体对数据资源的"控制"能力有所不同。中央深改委第二十六次会议审议通过了《关于构建数据基础制度更好发挥数据要素作用的意见》，提出"建立数据资源持有权、数据加工使用权、数据产品经营权等分置的产权运行机制"。"持有权"分为自益持有和他益持有。数据资源的自益持有者享有对特定数据资源的自主管理权益，拥有控制能力；而他益持有者持有数据的目的是为他人服务，因而不对数据资源构成控制。数据的加工使用权和产品经营权须具有一定的排他性才构成资产确认的必要条件。同时，数据构成企业资产的前提还包括，该数据在至少一种场景下具备为企业带来超出其他不含该数据的企业的经济利益的潜力，这可以通过开发可交易的数据产品或服务、自用以支撑企业决策优化等方式来实现。数据资产的确认需要数据的来源清晰无争议、由企业依法控制、具备开发可行性，并对企业经济业务产生贡献。数据资产的界定还需考虑其在不同行业间的特殊性、需求、法规和标准，以确保数据的有效管理和最大化的价值实现。不同行业可能对数据的可用性、隐私保护、安全性等方面有不同的侧重点，因此在数据资产管理中需要考虑这些差异。

4.4.2　数据资产的价值评估

Fleckenstein 等（2023）将数据资产的价值评估模型分为市场导向型、经济导向型和维度导向型。数据资产的市场导向型价值评估模型以数据资产形成成本或能够带来的收入为基础，经济导向型模型注重数据资产的经济影响，而维度导向型模型则关注数据资产的基本属性与特征。下文则主要借鉴中国信息通信研究院和中国光大银行白皮书，将数据资产估值的理论方法大体上分为货币度量估值方法和非货币度量估值方法展开介绍。

数据资产估值存在三个关键的假设，分别是现状利用假设、公开市场假设和持续经营假设。现状利用假设意味着评估数据资产的价值时，主要考虑其当前的利用情况，而不过多考虑未来的潜在利用增长。举例来说，在采用收益法评估数据资产时,未来收益的估计主要基于当前的数据资产应用水平和业务增长情况,而不深入考虑未来的技术水平提升对数据资产的影响。公开市场假设指出数据资产的市场交易是由自由竞争的市场参与者自主决定的,而不受其他外部力量的强制干预。在这种市场环境下,市场价格和产品交易受多种因素影响,包括供需状况、市场参与者数量、产品质量等。买卖双方可以在市场中自愿进行交易和洽谈,这为运用优化市场法来预测未来交易价值提供了基础。持续经营假设关注数据资产的持有者。这一假设决定了在采用成本法估值时,可以持续按照当前财务政策计算折旧等因素;在采用收益法时,可以估计未来数据资产的收益提升,前提是数据资产的持有者会继续经营;而在采用市场法时,确保可以以正常市场价格进行数据资产的交易。

估值对象划分的五大原则分别为独立性原则、整体性原则、不重复评估原则、成熟度原则和合理性原则。独立性原则要求确保估值对象具备独立产生价值的能力,例如,单个数据字段不应被单独视为估值客体。整体性原则指应将不可分割的数据资产划分在一个估值对象中,以确保能够全面考虑其价值。不重复评估原则强调当某一资产形成多重数据应用时,其价值应归属于同一资产下,以避免重复计算其价值,这有助于确保估值的准确性和一致性。成熟度原则意味着估值受限于数据资产的管理成熟度,包括数据的盘点程度、财务核算的精细程度等因素。这些因素会影响估值的可行性和准确性。合理性原则指的是评估粒度的权衡取舍,需要在不投入过高的估值成本的前提下,确保估值结果具有一定的准确性和合理性。

1. 数据资产的货币度量评估方法

数据资产价值的货币度量评估方法主要有成本法、收益法、市场法、WVI 模型、RVI 模型和实物期权法等。成本法将当前再次形成原数据资产的全部投入扣除贬值认定为数据资产的价值。收益法认为未来某一时期内数据资产能够为企业带来的收入现值是数据资产的价值。市场法是将市场上与被评估标的具有一定相似性的数据资产的交易价格为基准，以二者差异为调整限度，进而得到被评估标的价值的方法。WVI 模型指考虑数据质量低下导致的低业务绩效如负债金额，对数据的价值进行反向论述。RVI 模型强调某些数据的缺失可能尚未对企业造成实质性损失，而只是对其业务造成了潜在的业务风险和负面影响。期权法则是依托实物期权定价理论模型，如 Black-Scholes 模型、二叉树模型、Schwartz-Moon 模型等，对尚未开发的数据资产进行价值评估的方法。

这些传统货币度量方法各有利弊。成本法计算简单、便于理解，但难以准确计量数据资产的贬值损失且忽视了数据资产的增值潜力（欧阳日辉、杜青青，2022）。收益法可操作性强，但难以准确预测由某一数据资产带来的超额收益（李永红、张淑雯，2018），且数据资产的有效使用年限和贴现率难以选择，也较难考虑因风险因素而导致的收益损失（尹传儒等，2021）。市场法虽然能够在较大程度上客观还原数据资产的市场价值，但是在目前数据要素市场尚不成熟的情况下较难适用，另外，由于数据资产具有非标准性，这也有可能让参照物的选择较为困难。数据资产虽然可被视为看涨期权，且具有价值波动性，企业也能够根据自身情况选择是否放弃权利，使用实物期权方法对数据资产进行价值评估有一定合理性（翟丽丽、王佳妮，2016），但是传统实物期权法基于的有限理性和完全市场假设也让其应用存在很大限制（方胤杰、高建伟，2023）。

对于原始类数据资产、过程类数据资产、应用类中的统计支持类数据资产，考虑到与最终的业务收益之间难以有效追溯，可以通过优化成本法进行估量。对于收益提升类数据资产，需结合业务领域细分确定具体价值点，在收益法原理下细化估值指标和算法。如资产可以直接交易，则建议进一步分析是否满足市场法的条件，通过使用优化市场法衡量其外部交易的价值，并与内部使用价值加总计算，进而可得到更准确的估值。

由于数据资产与传统资产间有较大差异,市场当前实际应用货币度量类的估值方法对数据资产价值进行衡量的先例不多。鉴于使用传统货币方法对数据资产进行价值评估存在局限性,部分学者和研究也通过改进、综合使用多种传统货币度量方法(黄乐等,2018),以增强其对数据资产价值评估的适用性。如张志刚等(2015)、石艾鑫等(2017)从不同层次讨论了数据成本的构成因素,中国信息通信研究院(2020)通过考虑数据资产溢价、数据资产价值影响因素,使用修正系数等方法对成本法、收益法和市场法进行了改良。又如刘惠萍等(2022)通过使用皮尔曲线模型、灰色预测模型和剩余法改进了多期超额收益模型。再如翟丽丽和王佳妮(2016)通过密切值法改进了 Black-Scholes 模型不能评估多个数据资产价值的问题。

2. 数据资产的非货币度量评估方法

非货币度量估值方法主要有:内部价值(IVI)模型、业务价值(BVI)模型、绩效价值(PVI)模型和综合指标法等。其中,IVI 模型根据数据的客观特征(正确率、完整程度等)衡量数据内部的价值,不依赖数据支持的业务。BVI 模型的核心是衡量数据对业务的价值(业务相关性、及时性),同时也考虑数据内部的价值正确、完整。PVI 模型衡量数据应用前后 KPI (关键绩效指标)的变化,即通过数据对企业关键目标的作用评估数据价值,此方法主要用于事后评估。

综合指标法则充分结合企业自身数据资产的评估目的和相关特点,构建价值评估模型。数据资产价值的指标体系评估法通常首先明确数据资产的价值维度,再通过层次分析法、专家打分法确定各指标的权重及价值。Viscusi 和 Batini(2014)通过梳理数据资产价值影响因素的相关文献,指出可考虑从容量和效用两个维度为数据资产建立价值评估指标体系。从高昂等(2020)、夏金超等(2021)等研究上看,数据资产的价值评估通常考虑的几个维度是成本、质量及应用。上海德勤资产评估有限公司与阿里研究院（2019）则从质量、应用和风险 3 个维度，完整性、真实性、准确性、数据成本、安全性、稀缺性、时效性、多维性、场景经济性、法律限制和道德约束 11 个子维度建立了其数据资产价值的评价指标体系。中关村数海数据资产评估中心提出，数据资产具有内在、业务、绩效、成本、市场和经济 6 个维度的价值，同时还与 Gartner 咨询公司共同发布了包含数量、单位、质量、粒度、关联性、时效、来源、稀缺性、行业性质、权益性质、交易性质和预期效益等 12 个影响因素的数据资产价值评价指标体系（Gartner，2015）。不难发现，指标体系法的指标选取存在一定主观性，也使得其在评估数据资产价值的过程中需要结合特定场景，如 Akred 和 Samani（2018）便认为中关村数海数据资产评估中心与 Gartner 咨询公司设计的指标体系更加适用于企业并购场景。2023 年 9 月，中国资产评估协会发布《数据资产评估指导意见》，其中指出数据资产评估业务需要关注的四大因素为质量、市场、成本和场景。

此外，也有部分学者针对智慧物流企业（崔叶、朱锦余，2022）、互联网企业（周丽俭、李天雨，2023）、商业银行（陆岷峰、欧阳文杰，2022）、媒体行业（蒋嘉莉，2022）等具体企业和行业的数据资产特点为其数据资产的价值评估提供了参考方法。陈徽因和李永刚（2022）认为可从数据资产的用户类型入手，针对数据生产者、数据使用者和数据中心采取不同的价值评估方法，数据生产者可使用修正历史成本法（Moody and Walsh，1999）和市场法，数据使用者可考虑贡献比例法、决策导向估值法，而数据中心则适用基于消费的价值评估法和科研数据保护法。

本章参考文献

Abnar, S., Dehghani, M., Neyshabur, B., & Sedghi, H. (2021). Exploring the limits of large scale pre-training. arXiv preprint arXiv:2110.02095.

Agrawal, A., McHale, J., & Oettl, A. (2018). Finding Needles in Haystacks: Artificial Intelligence and Recombinant Growth. in the *Economics of Artificial Intelligence: An*

Agenda[M] (pp. 149-174). University of Chicago Press.

Akhtar, P., Frynas, J. G., Mellahi, K., & Ullah, S. (2019). Big data‐savvy teams' skills, big data‐driven actions and business performance[J]. *British Journal of Management*, 30(2), 252-271.

Akred J., Samani A., 2018. Your Data Is Worth More Than You Think[EB/OL].(2018-01-18)[2022-03-22]. https://sloanreview.mit.edu/article/your-data-is-worth-more-than-you-think/-.

Bergemann, D., & Bonatti, A. (2019). Markets for information: An introduction[J]. *Annual Review of Economics*, 11, 85-107.

Brindley, L. J. (1993). Information service and information product pricing. In Aslib proceedings (Vol. 45, No. 11/12, pp. 297-305). MCB UP Ltd.

Brynjolfsson, E., Hitt, L. M., & Kim, H. H. (2011). Strength in numbers: How does data-driven decisionmaking affect firm performance?. Available at SSRN 1819486.

Byrne, D., & Corrado, C. (2020). Accounting for Innovations in Consumer Digital Services: IT Still Matters. in *Measuring and Accounting for Innovation in the 21st Century*[M]. University of Chicago Press.

Cheng, H. K., & Tang, Q. C. (2010). Free trial or no free trial: Optimal software product design with network effects[J]. *European Journal of Operational Research*, 205(2), 437-447.

Choi, H. S. (2015). Pricing strategies of mobile apps and their effects on piracy: An empirical study. In 2015 48th Hawaii International Conference on System Sciences (pp. 3317-3325). IEEE.

Ciampi, F., Demi, S., Magrini, A., Marzi, G., & Papa, A. (2021). Exploring the impact of big data analytics capabilities on business model innovation: The mediating role of entrepreneurial orientation[J]. *Journal of Business Research*, 123, 1-13.

Cobham, A. (1954). Priority assignment in waiting line problems[J]. *Journal of the Operations Research Society of America*, 2(1), 70-76.

Colombo, P., & Ferrari, E. (2015). Privacy aware access control for big data: A research roadmap[J]. *Big Data Research*, 2(4), 145-154.

Conner, K. R. (1995). Obtaining strategic advantage from being imitated: When can encouraging "clones" pay?[J]. *Management Science*, 41(2), 209-225.

Cong, L. W., Xie, D.,& Zhang, L.(2021). Knowledge Accumulation, Privacy, and Growth in AData Economy[J]. *Management Science*, 67(10): 6480-6492.

Coulton, C. J., Goerge, R., Putnam-Hornstein, E., & de Haan, B. (2015). Harnessing Big Data for Social Good:A Grand Challenge for Social Work. Cleveland: American Academy of Social Work and Social Welfare, 1-20.

Côrte-Real, N., Ruivo, P., & Oliveira, T. (2020). Leveraging internet of things and big data analytics initiatives in European and American firms: Is data quality a way to extract business value?[J]. *Information & Management*, 57(1), 103141.

Darby, M. R., & Karni, E. (1973). Free competition and the optimal amount of fraud[J]. *The Journal of Law and Economics*, 16(1), 67-88.

Dong, J. Q., & Yang, C. H. (2020). Business value of big data analytics: A systems-theoretic approach and empirical test[J]. *Information & Management*, 57(1), 103124.

Dremel, C., Herterich, M. M., Wulf, J., & VomBrocke, J. (2020). Actualizing big data analytics affordances: A revelatory case study[J]. *Information & Management*, 57(1), 103121.

Dubey, R., Gunasekaran, A., Childe, S. J., Blome, C., & Papadopoulos, T. (2019). Big data and predictive analytics and manufacturing performance: integrating institutional theory, resource‐based view and big data culture[J]. *British Journal of Management*, 30(2), 341-361.

Dulleck, U., & Kerschbamer, R. (2006). On doctors, mechanics, and computer specialists: The economics of credence goods[J]. *Journal of Economic literature*, 44(1), 5-42.

Falvey, R., Foster, N., & Greenaway, D. (2006). Intellectual property rights and economic growth[J]. *Review of Development Economics*, 10(4), 700-719.

Fleckenstein, M., Obaidi, A., & Tryfona, N. (2023). A review of data valuation approaches and building and scoring a data valuation model.

Gartner, 2015. Why and how to measure the value of your information assets[EB/OL].(2015-08-04)[2023-03-22]. https://www.gartner.com/en/documents/3106719-why-and-how-tomeasurethe-value-of-your-information-assets.

Ghasemaghaei, M., Hassanein, K., & Turel, O. (2017). Increasing firm agility through the use of data analytics: The role of fit[J]. *Decision Support Systems*, 101, 95-105.

Grimaldi, M., & Cricelli, L. (2020). Indexes of patent value: a systematic literature review and classification[J]. *Knowledge Management Research & Practice*, 18(2), 214-233.

Grover, V., Chiang, R. H., Liang, T. P., & Zhang, D. (2018). Creating strategic business value from big data analytics: A research framework[J]. *Journal of Management Information Systems*, 35(2), 388-423.

Gundepudi, P., Rudi, N., & Seidmann, A. (2001). Forward versus spot buying of information goods[J]. *Journal of Management Information Systems*, 18(2), 107-131.

Gupta, S., Leszkiewicz, A., Kumar, V., Bijmolt, T., & Potapov, D. (2020). Digital analytics: Modeling for insights and new methods[J]. *Journal of Interactive Marketing*, 51(1), 26-43.

Gustafson T., Fink D., (2013). Winning Within the Data Value Chain[EB/OL].(2013-08)[2023-03-22].https://www.innosight.com/insight/winning-within-the-data-value-chain/.

Halmenschlager, C., & Waelbroeck, P. (2014). Fighting free with free: Freemium vs. piracy.

Piracy (November 29, 2014).

Harhoff, D., Scherer, F. M., &Vopel, K. (2003). Citations, family size, opposition and the value of patent rights[J]. *Research Policy*, 32(8), 1343-1363.

Haruvy, E., & Prasad, A. (1998). Optimal product strategies in the presence of network externalities[J]. *Information Economics and Policy*, 10(4), 489-499.

Höchtl, J., Parycek, P., &Schöllhammer, R. (2016). Big Data in the Policy Cycle: Policy Decision Making in the Digital Era.[J]. *Journal of Organizational Computing and Electronic Commerce*, 26(1-2), 147-169.

Janssen, M., Van Der Voort, H., & Wahyudi, A. (2017). Factors influencing big data decision-making quality[J]. *Journal of Business Research*, 70, 338-345.

Kubina, M., Varmus, M., &Kubinova, I. (2015). Use of big data for competitive advantage of company[J]. *Procedia Economics and Finance*, 26, 561-565.

Lanjouw, J. O., &Schankerman, M. (2004). Patent quality and research productivity: Measuring innovation with multiple indicators[J]. *The Economic Journal*, 114(495), 441-465.

Lee, K. B., Yu, S., & Kim, S. J. (2006). Analysis of pricing strategies for e-business companies providing information goods and services[J]. *Computers & Industrial Engineering*, 51(1), 72-78.

Marchand, M. G. (1974). Priority pricing[J]. *Management Science*, 20(7), 1131-1140.

McAfee, A., Brynjolfsson, E., Davenport, T. H., Patil, D. J., & Barton, D. (2012). Big data: the management revolution[J]. *Harvard Business Review*, 90(10), 60-68.

Mendelson, H. (1985). Pricing computer services: Queueing effects[J]. *Communications of the ACM*, 28(3), 312-321.

Mendelson, H., & Whang, S. (1990). Optimal incentive-compatible priority pricing for the M/M/1 queue[J]. *Operations Research*, 38(5), 870-883.

Mishra, D., Luo, Z., Hazen, B., Hassini, E., &Foropon, C. (2019). Organizational capabilities that enable big data and predictive analytics diffusion and organizational performance: A resource-based perspective[J]. *Management Decision*, 57(8), 1734-1755.

Moe, W. W., &Schweidel, D. A. (2017). Opportunities for innovation in social media analytics[J]. *Journal of Product Innovation Management*, 34(5), 697-702.

Moody, D. L., & Walsh, P. (1999). Measuring the Value Of Information-An Asset Valuation Approach. In ECIS (pp. 496-512).

Müller, O., Fay, M., &VomBrocke, J. (2018). The effect of big data and analytics on firm performance: An econometric analysis considering industry characteristics[J]. *Journal of Management Information Systems*, 35(2), 488-509.

Nelson, P. (1970). Information and consumer behavior[J]. *Journal of Political Economy*, 78(2), 311-329.

Niculescu, M. F., & Wu, D. J. (2014). Economics of free under perpetual licensing: Implications for the software industry[J]. *Information Systems Research*, 25(1), 173-199.

Pei, J. (2020). A survey on data pricing: from economics to data science[J]. *IEEE Transactions on Knowledge and Data Engineering*, 34(10), 4586-4608.

Ransbotham, S., Kiron, D., Gerbert, P., & Reeves, M. (2017). Reshaping business with artificial intelligence: Closing the gap between ambition and action[J]. *MIT Sloan Management Review*, 59(1).

Santoro, G., & Usai, A. (2018). Knowledge exploration and ICT knowledge exploitation through human resource management: A study of Italian firms[J]. *Management Research Review*, 41(6), 701-715.

Tambe, P., Hitt, L., Rock, D., & Brynjolfsson, E. (2020). Digital capital and superstar firms (No. w28285). National Bureau of Economic Research.

Tilt, B., & Balachandran, K. R. (1979). Stable and superstable customer policies in queues with balking and priority options[J]. *European Journal of Operational Research*, 3(6), 485-498.

Urbinati, A., Bogers, M., Chiesa, V., & Frattini, F. (2019). Creating and capturing value from Big Data: A multiple-case study analysis of provider companies[J]. *Technovation*, 84, 21-36.

Varian H. R., (1999). Markets for information goods[M]. Institute for Monetary and Economic Studies, Bank of Japan.

Veldkamp, L., & Chung, C. (2019). Data and the aggregate economy[J]. *Journal of Economic Literature*.

Viscusi, G., &Batini, C. (2014). Digital information asset evaluation: Characteristics and dimensions. In *Smart Organizations and Smart Artifacts: Fostering Interaction Between People, Technologies and Processes*[M] (pp. 77-86). Springer International Publishing.

Woerner, S. L., & Wixom, B. H. (2015). Big data: extending the business strategy toolbox[J]. *Journal of Information Technology*, 30(1), 60-62.

Wu, S. Y., & Banker, R. (2010). Best pricing strategy for information services[J]. *Journal of the Association for Information Systems*, 11(6), 1.

Yan, J., Yu, W., & Zhao, J. L. (2015). How signaling and search costs affect information asymmetry in P2P lending: the economics of big data[J]. *Financial Innovation*, 1, 1-11.

Yu, W., Jacobs, M. A., Chavez, R., & Feng, M. (2019). Data‐driven supply chain orientation and financial performance: the moderating effect of innovation‐focused complementary assets[J]. *British Journal of Management*, 30(2), 299-314.

Zeng, J., & Glaister, K. W. (2018). Value creation from big data: Looking inside the black box[J]. *Strategic Organization*, 16(2), 105-140.

Zhan, Y., Tan, K. H., Ji, G., Chung, L., & Tseng, M. (2017). A big data framework for facilitating product innovation processes[J]. *Business Process Management Journal*, 23(3), 518-536.

Zhang, H., & Xiao, Y. (2020). Customer involvement in big data analytics and its impact on B2B innovation[J]. *Industrial Marketing Management*, 86, 99-108.

蔡跃洲、马文君.2021.数据要素对高质量发展影响与数据流动制约[J].数量经济技术经济研究,第3期.

曾楚宏、林丹明.2023.论信息产品的定价策略[J].企业经济,第9期.

陈搏.2007.知识距离与知识定价[J].科学学研究,第1期.

陈徽因、李永刚.2022.基于用户对象的数据资产价值评估方法总结与研究[J].国有资产管理,第7期.

陈婷.2012.基于体验价值的比特产品定价研究[D].北京:北京邮电大学.

陈伟斌、张文德.2015.基于收益分成率的网络信息资源著作权资产评估研究[J].情报科学,第9期.

陈晓红.2018.数字经济时代的技术融合与应用创新趋势分析[J].中南大学学报(社会科学版),第5期.

程平、万梦竹.2023.企业大数据智能风控:内涵、技术框架与实施流程[J].会计之友,第12期.

程文婷.2018.试验数据知识产权保护的国际规则演进[J].知识产权,第8期.

崔叶、朱锦余.2022.智慧物流企业数据资产价值评估研究[J].中国资产评估,第8期.

单春霞、李倩、丁琳.2023.知识产权保护、创新驱动与制造业高质量发展——有调节的中介效应分析[J].经济问题,第2期.

翟丽丽、王佳妮.2016.移动云计算联盟数据资产评估方法研究[J].情报杂志,第6期.

董志勇、王德显.2019.科技创新、生产模式变革与农业现代化[J].新视野,第6期.

杜传忠、张远.2021.数字经济发展对企业生产率增长的影响机制研究[J].证券市场导报,第2期.

方胤杰、高建伟.2023.前景理论视角下大数据资产价值的实物期权评估方法研究[J].数学的实践与认识.

冯晓青.2022.知识产权视野下商业数据保护研究[J].比较法研究,第5期.

付力力.2003.网络效应下信息产品的版本划分和定价策略[J].商业研究,第24期.

傅辉子.2020.网络经济中信息产品定价影响因素研究[J].图书情报导刊,第1期.

高昂、彭云峰、王思睿.2021.数据资产价值评价标准化研究[J].中国标准化,第9期.

高建峰、张志荣.2014.大数据时代商业银行风险管理优化[J].上海金融,第8期.

高阳.2022.衍生数据作为新型知识产权客体的学理证成[J].社会科学,第2期.

耿允玲、刘培刚.2005.网络时代信息商品及其特征研究[J].图书与情报,第2期.

郭春芳.2019.不确定性分析视角下大数据信息服务定价研究[D].北京:北京交通大学.

郭状、余翔. 2020. 基于我国人工智能专利数据的专利价值影响因素分析 [J]. 情报杂志，第 9 期.

韩丽华、魏明珠. 2019. 大数据环境下信息资源管理模式创新研究 [J]. 情报科学，第 8 期.

郝思洋. 2019. 知识产权视角下数据财产的制度选项 [J]. 知识产权，第 9 期.

胡锴、熊焰、梁玲玲、邵志清、汤奇峰. 2023. 数据知识产权交易市场的理论源起、概念内涵与设计借鉴 [J]. 电子政务，第 7 期.

胡锴、熊焰、梁玲玲、卓训方. 技术和数据知识产品交易平台模式及实现路径 [J]. 科学学研究.

黄乐、刘佳进、黄志刚. 2018. 大数据时代下平台数据资产价值研究 [J]. 福州大学学报（哲学社会科学版），第 4 期.

郏乃林. 2007. 企业商标评估体系研究 [J]. 中华商标，第 11 期.

蒋嘉莉. 2022. 媒体数据资产价值评估研究 [J]. 中国资产评估，第 8 期.

金建. 1988. 近年来我国关于信息经济理论研究的学术观点综述 [J]. 情报科学，第 4 期.

荆浩. 2014. 大数据时代商业模式创新研究 [J]. 科技进步与对策，第 7 期.

李锋、吴洁、尹洁. 2013. 政府主导型产学研合作中专利价值分析体系研究 [J]. 科技管理研究，第 24 期.

李三希、王泰茗、武珏璠. 2021. 数字经济的信息摩擦：信息经济学视角的分析 [J]. 北京交通大学学报（社会科学版），第 4 期.

李晓华、刘尚文. 2019. 服务型制造内涵与发展动因探析 [J]. 开发研究，第 2 期.

李晓华、王怡帆. 2020. 数据价值链与价值创造机制研究 [J]. 经济纵横，第 11 期.

李秀娟. 2009. 专利价值评估中的风险因素分析 [J]. 电子知识产权，第 12 期.

李永红、张淑雯. 2018. 数据资产价值评估模型构建 [J]. 财会月刊，第 9 期.

李长玲. 2006. 知识产品的定价策略分析 [J]. 图书馆理论与实践，第 3 期.

李振亚、孟凡生、曹霞. 2010. 基于四要素的专利价值评估方法研究 [J]. 情报杂志，第 8 期.

林建红、林洱. 2022. 商标价值研究热点与趋势——基于 CiteSpace 知识图谱分析 [J]. 中华商标，第 9 期.

林娟娟、黄志刚、唐勇. 2023. 数据质量、数量与数据资产定价：基于消费者异质性视角 [J]. 中国管理科学.

林颖、徐志明、薛云云. 2015. 大数据背景下的纳税服务创新 [J]. 税务研究，第 12 期.

刘翠花. 2022. 数字经济对产业结构升级和创业增长的影响 [J]. 中国人口科学，第 2 期.

刘德志、王燕、杨桂元. 2013. 信息服务优先期权定价模型与实证分析 [J]. 科技和产业，第 1 期.

刘华楠. 2018. 如何发现潜在的有价值专利 [J]. 中国发明与专利，第 3 期.

刘惠萍、赵悦、赵月华. 2022. 基于改进多期超额收益法的物联网企业数字资产价值评估研究——以海康威视为例 [J]. 中国资产评估，第 8 期.

刘伍堂. 2010. 电视剧著作权资产评估研究 [J]. 中国资产评估，第 9 期.

刘玉琴、汪雪锋、雷孝平. 2007. 基于文本挖掘技术的专利质量评价与实证研究 [J]. 计算机工程与应用，第 33 期.

刘征驰、马滔、申继禄. 2018. 个性定制、价值感知与知识付费定价策略 [J]. 管理学报，第 12 期.

陆岷峰、欧阳文杰. 2022. 商业银行数据资产的价值评估与交易定价研究 [J]. 会计之友，第 19 期.

罗立国. 2018. 核心专利识别指标研究 [J]. 中国发明与专利，第 4 期.

马秋楠. 2009. 比特经济学研究综述 [D]. 北京：北京邮电大学.

聂长飞、冯苑、张东. 2023. 知识产权保护与经济增长质量 [J]. 统计研究，第 2 期.

欧阳日辉、杜青青. 2022. 数据估值定价的方法与评估指标 [J]. 数字图书馆论坛，第 10 期.

潘见独、顾锋、姜宁、周洪峰. 2021. 双边平台型信息产品企业版本划分策略研究 [J]. 上海管理科学，第 1 期.

潘颖. 2014. 基于层次分析法的专利价值模糊评估 [J]. 情报探索，第 10 期.

邱洪华、陆潘冰. 2016. 基于专利价值影响因素评价的企业专利技术管理策略研究 [J]. 图书情报工作，第 6 期.

曲创、阴红星. 2010. 网络信息产品免费定价策略研究 [J]. 山东社会科学，第 12 期.

屈阳. 2023. 数据要素的特征与定价方法研究 [D]. 北京：清华大学.

芮文彪、李国泉、杨馥宇. 2015. 数据信息的知识产权保护模式探析 [J]. 电子知识产权，第 4 期.

石艾鑫、邰鼎、谢婧. 2017. 互联网企业数据资产价值评估体系的构建 [J]. 时代金融，第 14 期.

宋洋. 2020. 数字经济、技术创新与经济高质量发展：基于省级面板数据 [J]. 贵州社会科学，第 12 期.

孙立. 2016. 工业大数据对智慧云制造的推动与创新 [J]. 科技管理研究，第 13 期.

孙瑛. 2016. 机器人新闻：一种基于大数据的新闻生产模式 [J]. 编辑之友，第 3 期.

锁福涛、潘政皓. 2023. 数据财产权的权利证成——以知识产权为参照 [J]. 中国矿业大学学报（社会科学版），第 3 期.

陶峻、马力. 2005. 基于顾客价值的知识服务定价策略 [J]. 中央财经大学学报，第 3 期.

王广震. 2017. 大数据的法律性质探析——以知识产权法为研究进路 [J]. 重庆邮电大学学报（社会科学版），第 4 期.

王焕瑛. 1986. 试论信息产品的理论价格 [J]. 河北学刊，第 1 期.

王舒、王红、宋晓丹. 2016. 科研数据的知识产权保护与许可机制研究 [J]. 图书馆论坛，第 4 期.

王雅妮、杨景海 . 2018. 企业并购专利资产价值评估浅议 [J]. 合作经济与科技，第 20 期 .

魏国雄 . 2014. 大数据与银行风险管理 [J]. 中国金融，第 15 期 .

吴桂德 . 2022. 商业数据作为知识产权客体的考察与保护 [J]. 知识产权，第 7 期 .

夏金超、薛晓东、王凌、吕本富、赵阳、孙建宏 . 2021. 数据价值基本特性与评估量化机制分析 [J]. 文献与数据学报，第 1 期 .

夏宜君、姜奇平 . 2017. 互联网平台中信息产品的定价模式研究 [J]. 现代管理科学，第 6 期 .

谢萍、王秀红、卢章平 . 2015. 企业专利价值评估方法及实证分析 [J]. 情报杂志，第 2 期 .

谢卫红、李忠顺、苏芳、王永健 . 2018. 高管支持、大数据能力与商业模式创新 [J]. 研究与发展管理，第 4 期 .

熊巧琴、汤珂 . 2021. 数据要素的界权、交易和定价研究进展 [J]. 经济学动态，第 2 期 .

许向东 . 2015. 大数据时代新闻生产新模式：传感器新闻的理念、实践与思考 [J]. 国际新闻界，第 10 期 .

杨俊、李小明、黄守军 . 2022. 大数据、技术进步与经济增长——大数据作为生产要素的一个内生增长理论 [J]. 经济研究，第 4 期 .

杨泉 . 1986. 信息产品类型及其价值规定的立体结构 [J]. 经济问题，第 4 期 .

杨双、郭强、聂佳佳 . 2022. 盗版影响下信息产品免费策略：选择或不选择 [J]. 管理工程学报，第 6 期 .

姚春艳 . 2010. 商标价值评估的对策研究 [J]. 中国经贸导刊，第 24 期 .

衣晓雷 . 2012. 基于用户感知价值的网络信息产品定价方法研究 [D]. 天津：天津大学 .

易加斌、徐迪 . 2018. 大数据对商业模式创新的影响机理——一个分析框架 [J]. 科技进步与对策，第 3 期 .

尹传儒、金涛、张鹏、王建民、陈嘉一 . 2021. 数据资产价值评估与定价：研究综述和展望 [J]. 大数据，第 4 期 .

余东华、李云汉 . 2021. 数字经济时代的产业组织创新——以数字技术驱动的产业链群生态体系为例 [J]. 改革，第 7 期 .

俞风雷、张阁 . 2020. 大数据知识产权法保护路径研究——以商业秘密为视角 [J]. 广西社会科学，第 1 期 .

喻国明、李慧娟 . 2014. 大数据时代传媒业的转型进路——试析定制内容、众包生产与跨界融合的实践模式 [J]. 现代传播（中国传媒大学学报），第 12 期 .

张海涛、唐元虎 . 2003. 知识产品的定价研究 [J]. 价格理论与实践，第 9 期 .

张辉锋、景恬 . 2021. 成本加成与消费者感知价值的结合：知识付费产品的定价模型 [J]. 新闻与传播研究，第 1 期 .

张文德、贺德方、彭洁、赵需要 . 2009. 科技文献著作权资产评估研究 [J]. 情报理论与实践，第 2 期 .

张修志、黄立平.2007.基于消费者偏好的信息产品定价策略分析[J].商业研究，第5期.

张雅琴、王智颖.2003.信息商品价格研究综述[J].现代情报，第10期.

张宇、唐小我.2006.在线信息产品定价策略综述[J].管理学报，第2期.

张宇、唐小我.2007.在线信息服务优先期权决策[J].系统工程，第4期.

张志刚、杨栋枢、吴红侠.2015.数据资产价值评估模型研究与应用[J].现代电子技术，第20期.

赵静宜、程明.2019.从共享化到秩序化：网络知识付费现象的知识经济学分析[J].编辑之友，第8期.

周丽俭、李天雨.2023.互联网企业数据资产价值评估研究综述[J].产业创新研究，第2期.

周木生、张玉林.2014.基于非线性边际支付意愿的信息产品定价策略研究[J].系统工程理论与实践，第3期.

朱宾欣、马志强、Leon Williams.2021.盗版和网络外部性下基于免费策略的信息产品定价和质量决策研究[J].管理评论，第9期.

第 5 章　数据收益分配

中共中央、国务院发布的《关于构建数据基础制度更好发挥数据要素作用的意见》提出构建"数据要素收益分配制度"。分配制度处在整个数据基础制度建设的中心环节，它涵盖了数据产权的定义、保护和经济实现，同时也包括对数据要素价值贡献的市场评估以及政府对数据要素收益再分配的调控和治理。数据产权的界定和保护是分配制度的基础，明晰的数据产权界定有助于激励数据的创造和投资，并确保数据所有者能够享有合理的回报和权益。市场机制可以有效地评估数据要素的市场需求和供给，根据市场定价机制来决定数据要素的报酬和价格。政府可以通过税收政策、补贴和奖励等手段，引导数据要素的合理分配和再分配，促进社会公平和公正。分配制度的健全与完善对于推动数据经济的发展、维护公平和公正以及实现数据要素的最优分配具有重要意义。

5.1　分配原则

经过 40 余年的改革开放，我国社会主义基本经济制度的范围已由单一的生产资料公有制扩展到公有制为主体、多种所有制经济共同发展，按劳分配为主体、多种分配方式并存的社会主义市场经济体制。党的十三大（1987）提出"按劳分配为主体、多种分配方式并存"，随后，党的十六大（2002）首次将其概括为"劳动、资本、技术、管理等生产要素按贡献参与分配的原则"。党的十七大（2007）将这一原则进一步提升为分配制度，并在之后的党的十八大（2012）、十八届三中全会（2013）、十八届五中全会（2015）以及十九届四中全会（2019）中进一步强调要坚持和完善社会主义基本经济制度，健全劳动、资本、土地、知识、技术、管理和数据等生产要素按贡献参与分配的机制。数据作为重要的生产要素，对其价值的公平合理分配是促进数据经济发展的保障。数据价值公平、有效的分配，是数据充分流动、创造价值的保障。

分配关系由生产关系决定，在自由公平竞争的条件下，价值决定与价值分配统一（蔡继明，2010）。以土地开发整理为例，在尊重农民持有土地有限产权的基础上，通过土地承包等方式，吸引有能力的经营主体、现代市场要素进入，进一步将农地经营权拆分成农户的终极控制权、种田经理人的经营管理权、农产品加工销售等的生产操作权，以市场分工和服务外包的方式使土地价值得到专业化开发和利用，从而最大化土地效益；同时，又以各生产性主体投入的相应的土地、劳动和知识等各个要素创造的价值为分配标准，通过土地租金、初始农产品销售额、加工农产品销售额等多种形式按贡献进行分配（徐晶、张孜仪，2012；罗必良，2017）。

数据要素与其他生产要素类似，遵循生产决定分配、交换和消费，分配、交换和消费反作用于生产的基本原理。在数据产品和数据资源的生产过程中，数据来源、劳动、技术、资本等均投入了相应的价值贡献，因而，数据的初次分配应坚持以市场为主，按照价值贡献决定分配的原则，对数据信息的产生者，数据产品的收集者、加工者、投资者、管理者进行相应的产权和贡献分配。数据要素所产生的国民收入，通过企业缴纳的营业税、增值税（或数字税）等方式形成国家税收的一部分，将这部分税收收入进行二次分配。

数据价值是由多种要素组成的函数，同时需要多个环节的加工过程，是由多方利益相关者共同开发和创造的，故数据收益也不应只分配给某个主体。数据资产的可复制性、可与其他数据资产协调产生更大价值等特点，使得数据要素在产生、储存、加工、使用、交易等全生命周期的各个环节都可能会有众多的利益相关者参与，乃至为其价值增值做出各自的贡献。欧阳祖友（2010）在其研究中将知识型企业的治理模式称作"利益相关者广泛参与的'共同治理'模式"，对于不同的数据而言，其价值增值可能各自由众多不同的利益相关者"共同治理"来完成，要努力打造平衡各方利益的数据生态。例如，个人数据价值的贡献者主要有个人、参与收集数据的平台和企业，政府数据的贡献者主要有政府、公众和获得开发和使用权的企业等。根据数据的价值实际上由包含在数据权益中的劳动和非劳动要素贡献构成，而价值的分配与价值决定相统一的原则，各类数据产品的各个市场参与者将在市场交易中获取与其对应的数据权益的价值。

此外，数据有时需要与多个数据所有者联合，由多个开发者共同参与同一个环节的价值开发和贡献过程，此时这些市场参与者都共同承担了该过程的剩余风险，并对其剩余价值进行了相应的贡献。那么理论上，每个市场参与者享受其所持有的数据的收益或者其对剩余收益的贡献的价值分配。在数据的价值贡献全生命周期过程中，数据内容的提供者是原始资源的贡献者，享有数据的内容（信息）所有权，通过对数据内容的出让，数据内容生产者享有了一定的所有权收益；而数据原始收集者合法获取数据之后，可能会对数据进行进一步的整理、加工形成新的数据，进而从数据的财产权中享受数据的转移、许可等数据增值的收益；在数据的交易过程中，其他的数据加工者在更进一步的数据价值开发中分别获得与其价值贡献相对应的收益。这一点和中国古代土地治理过程也比较类似，地主将土地的占有权转让给了佃农，地主获取土地所有权的收益，佃农依靠土地的占有权耕种并获得土地增值的收益（龙登高，2018）。在细化的数据加工和交易市场过程中，价值通过形成市场价格的方式将数据价值的贡献分配到对应的价值贡献者中。

数据分配制度首先要注重效率。《孟子·卷一·梁惠王章句上》曾提出"若民，则无恒产，因无恒心"，"鸡豚狗彘之畜，无失其时，七十者可以食肉矣。百亩之田，勿夺其时，八口之家可以无饥矣"。所谓"有恒产者有恒心"，其核心在于通过"恒产"得到收益。分配方式和机制等牵动各方面的经济利益关系，合理的分配政策才能调动各市场参与者的积极性和主动性，最终影响数据资产的价值开发。数据的价值由各种劳动和非劳动要素共同决定，而价值决定与价值分配是统一的，因此，数据要素资产的价值分配也应该以各主体所对应的劳动和非劳动要素贡献为基础。

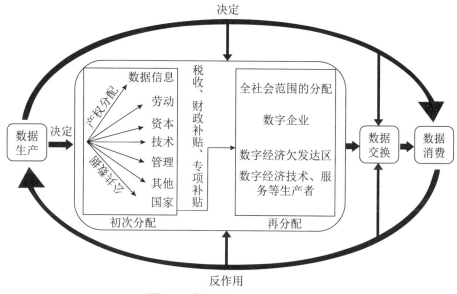

图 5.1　数据分配制度的拓扑图

其次，数据分配制度还要注重公平。数字时代的"数字鸿沟"已不容小觑，应当更充分注重数据收益分配在解决数字经济发展过程中的不平等问题中的方法和角色，实现经济社会的可持续发展。尤其是对于公共数据的收益，应当充分重视再分配和三次分配的功能和作用。

5.2 数据收益的初次分配

厉以宁（2013）将三次分配总结为：按劳动和非劳动多种要素贡献分配的初次分配，通过政府以税收和福利政策等进行的再分配，以道德力量为指引，例如个人和企业捐赠、扶贫形成的三次分配。对于数据的分配制度，同样要坚持"效率优先、兼顾平等"的原则，初次分配讲效率，坚持按生产要素贡献分配；二次分配兼顾公平和平等，可以重点关注数字经济中弱势群体的福利改善问题，将公共数据收益着重用于缩小"数字鸿沟"问题，提升数字经济给全社会人民的福祉；三次分配讲爱心，提倡和鼓励先富裕起来的阶层、企业增强社会责任感，积极投身公益、慈善事业，提高一般居民的数字化营生能力、消费者福利、数字鸿沟所涉及群体的生活水平，促进共同富裕与社会和谐发展。

政治经济学基本原理表明生产力决定生产关系。蔡继明等（2010、2020、2022）指出，在商品经济中，生产要素的所有制关系由生产要素的价值创造力所决定。在初次分配中，要素所有者通过所持有的生产要素的产权参与分配，其报酬取决于生产要素对财富创造所做的贡献。在合法取得数据资产的前提下，应秉承"谁投入、谁贡献、谁受益"的原则，遵循市场定价原则，尊重各市场参与者的价值贡献，给予数据产品的开发者、使用者、经营者等应得的价值分配。对数据的产生、加工、传输和流通等全生命周期中产生的价值或收益能否进行公平分配是数据经济成功运行的关键。

按照价值贡献决定分配的原则，数据要素以及对原始数据进行加工的过程都对最终数据价值有所贡献，因而，数据信息的产生者、数据产品的收集者/加工者应当享有相应的数据产权和收益，这有利于激励数据市场参与者，以达"有恒产者有恒心"。承认数据市场参与者的贡献并保证他们获得相应的回报是数据要素充分流通的保证。通过市场手段和机制，能够有效促进数据要素价值向更有价值的地方流动。因而，数据要素分配的基本制度应坚持以市场为主，充分发挥市场的自主调配作用，促进数据要素跨企业、跨产业的开放共享、融通和交易。

5.2.1 数据要素价值创造的机制

数据要素的分配机制应考虑市场评价和价值共创过程，同时需要协调不同参与者之间的权益关系，以实现数据要素的有效分配。

数据要素价值生成路径包括数据要素资源化、资产化和资本化等（杨铭鑫等，2022）。在数据要素资源化过程中，参与的市场主体包括数据的提供者、收集者、清洗者、标注者、分析者等。数据要素资源化紧密依托企业等市场主体提供的管理、技术和资本等生产要素。数据要素资产化包括数据的权属确定、流通配置和融合应用等。数据要素通过共享、开放、交易和交换等方式流通，与其他要素组合应用于实际生产业务，产生经济价值。产业化应用是数据要素价值转化为实际收益的关键环节，涉及企业家、资本投入和技术等综合要素的价值创造、价值融合和收益分配。数据要素资本化是将数据赋予金融属性，通过股权化、证券化、产权化等方式运营，以租赁、质押、转让等方式盘活数据资产，提高资本运行效率，并激活数据资产价值。

数据的价值创造过程涉及个体、企业以及公共部门等参与者，主要包括数据的原始采集者、数据汇集者、数据分析者、数据使用者和数据监管者等。在数据要素的收集、分析和挖掘阶段，涉及企业内部的数据价值收入分配问题；数据从原始状态转变为有价值的产品则需要劳动、技术、资本、管理等多要素的投入。只有当这些投入能够获得相应的回报时，数据的收集、处理和加工等工作才能够持续推进，并最终实现数据向有价值的商品或服务的转化。此外，在数据驱动的产业创新中，数字人才以及具有良好数字化技能的其他员工也应成为按数据要素分配的主要受益者（陈衍泰等，2021）。

5.2.2 数据要素的收益决定

要素价格形成遵循市场化的基本原则，要在清晰界定数据用途用量的基础上，围绕数据质量、数据安全合规风险、市场评价等方面释放的价值信号，在市场参与主体的充分竞争和博弈中形成价格共识。蔡继明教授指出[①]，数据要素的定价可以由获取数据的机构与数据的原始生产者协商决定，也可以由市场机制来决定。数据要素对财富生产和价值创造的贡献应由数据要素市场（通过与产品市场的互动）进行评估。因而，数据要素的价格或数据处理者的报酬最终取决于数据要素市场中供需双方的竞争和讨价还价。

1. 数据产权与初次分配

产权是初次分配的法律依据之一，数据要素的持有权、使用权、经营权等是数据市场参与者获得初次分配的依据。数据的原始生产者与所有者应与其他数字创新生态系统的参与者协商分配模式，并考虑其产生数据所需的费用。在数据要素市场的初次分配制度建设中应通过立法明确数据要素不同权属的归置。初次分配应重视"机会公平"，即保障不同市场主体平等获取数据生产要素、使用数据、处置数据和获取相应收益的权利。长远来看，数据要素参与收入分配制度进路的基础是持续不断积极推进数据要素市场建设，通过培育数据要素市场参与主体、建立健全市场体制机制、促进数据要素自主有序流动，形成市场定价机制。

在产权—分配的理论层面，早期关于个人数据和公共数据的主流理论还不完善。一方面，基于"数权激励"理论的劳动成本激励、知识产权保

---

① 参见蔡继明：国家发展改革委，构建公平与效率相统一的数据要素按贡献参与分配的制度——解读"数据二十条"，https://mp.weixin.qq.com/s?src=11&timestamp=1689676013&ver=4658&signature=dntGJ4gr4aiq0DKWTMT0yVBvRQT6opnWVxk9ktH8frAVPFCY3StAvCK2FKo*5IzJ12OdQOKUNHCpYJLnnnkjrriAysxTTpsFDzgtouXza0A6HpxZKC8tKd9S23Sij9Iu&new=1。

护和数据新型财产权理论强调建立数据经营企业对数据的财产收益权,但这些理论忽略了个人数据的人格权,这意味着个人数据的权益保护仍然面临挑战。另一方面,以个人数据财产权为基础的理论在保障用户享有数据收益知情权的前提下,允许用户与数据经营者基于差异化的隐私保密需求通过协商议价的方式进行利益交换。然而,由于隐私泄露程度和风险后果很难事先评估,这种理论在操作上存在一定的难度。因此,在实践中难以全面保护个人数据的利益。此外,公共数据资源的价值化和收益分配机制也尚未健全。目前我国公共数据的共享方式主要是通过公共数据开放或者授权运营,但由于只有少数市场主体具备公共数据的使用需求和处理能力,导致公共数据的价值难以向全民开放。同时,公共数据授权运营形成的收益如何反哺政府和公共组织也没有形成有效的机制,这也造成了公共数据资源价值化和收益分配机制的不足,需要进一步探索合理的方式来确保公共数据的社会效益最优化并让更多的公民分享其中的收益。

2. 数据要素"由市场评价贡献"

在建立数据要素"由市场评价贡献"的机制方面,需要逐个突破现有的主要障碍。

首先,当前数据要素市场缺乏全国统一的体系,从而导致大规模的数据流通、使用和交易市场机制难以形成,降低了数据要素的流通和使用效率,同时也存在定价机制不完善、要素价格扭曲的现象。为解决这一问题,应实行数据要素生产主体与交易主体登记管理和备案制度,以提供相关产业状况统计,主体追责问责,优惠主体认定以及数据生产要素存量、增量和交易量的查询和统计。此外,为激励市场主体积极参与数据要素流通,应进一步鼓励数据要素合规的服务机构进入市场,同时,将数据登记制度作为核心,主体承诺制作为前置条件,并通过区块链上链存证的数据准入公证审查机制来保障数据使用、收益和参与数据流通的权利,从而确保数据要素市场的规范运作。

其次,数据对经济增长的贡献模式较为复杂,不仅作为生产要素参与经济活动,还通过促进其他生产要素的高效配置和支撑传统生产方式的转型升级等方式形成规模报酬递增的经济发展模式。因而市场很难准确评估其对企业产出和经济增长的实际贡献。探索制定数据要素资源化成本核算制度,形成统一的数据要素成本核算制度,有利于确认企业研发数据生产要素的投入成本,并为公共数据信息化建设项目的投入成本测量和投入产出考核提供依据。同时,建立统一的数据生产要素的成本核算方法和投入产出绩效考核机制显得尤为重要,这将有助于更好地评估数据要素对国民经济的实际贡献,并提高政府信息化建设项目的投入效率。在这方面,不少学者以及加拿大统计局等已有一些先驱统计实践,具备一定的借鉴意义。

3. 数据劳动者与数据价值贡献者的初次分配

数据劳动者拥有公平有效的收入分配激励十分重要。在平台经济中,许多劳动者以零工身份从事数据采集等工作,往往缺乏基本的社会福利保障,存在一定的劳动力价格歧视现象。这使得劳动者在数据要素生产中的收益受到限制,丧失了公平的分配机制。技术人员在数据整理、分析和挖掘方面的贡献往往比较难估计,也很可能被低估,导致他们在数据创新中的收益相对较低。这使得他们对数据要素生产的投入不够积极,限制了数据要素的创新和价值提升。

企业应重视数据要素价值生成链中劳动者的初次分配收益,确保他们在数据要素生产中得到公平的报酬。这涉及根据市场机制,合理配置各类生产要素投入,包括个人报酬所得、生产税和进口税、税后净营业盈余等,并协调生产活动,从而保障初次分配收入的公正与合理。其次,企业应创新激励机制。企业可以采用一次性和中长期奖励相结合的激励机制,如利润或项目提成、特殊津贴、员工持股计划等(庄子银,2020)。

从微观角度来看,若某数据资产由多个个体或企业联合提供,且单个个体对该数据集的价值贡献较明晰,构建公平的数据市场价值贡献者的价值分配机制比较重要。Shapley(1952)提出的公平分配方法值得重点说明,假设有 k 个卖家合作参与一个交易,所谓的公平分配需要满足以下几点要求:(1)收支平衡性,付给每个价值贡献者的总金额应该等于数据资产的总价值;(2)对称性,对效用贡献相同的个体或组织,不管其地位、背景等,应该得到同样的报酬;(3)零元素,如果一个市场参与主体的加入对于资产价值无增益,那么他不能得到分配;(4)可加性,如果该资产可用于不同收益的两个任务,那么同时完成两个任务的资产的价值总和就等于每个任务的价值之和(这一点是为了减少套利空间的存在,但在实际场景中,由于无法穷尽地预测该数据资产的可能功能和应用场景,要想达到这一点是很困难的)。Shapley 值则是满足以上所有要求的唯一公平性分配:

$$\psi(s)=\sum_{S\subseteq D\setminus\{s\}}\frac{u(S\cup(s))-u(S)}{\binom{n-1}{|S|}}$$

其中,u 是效用函数,D 是卖家的全集,$S\subseteq D$ 是卖家的集合,s 是卖家。

Agarwal 等(2019)为了规避由于信息商品的复制成本非常低所带来的数据卖方在数据加工过程中提供大量相同的数据以获得更大的 Shapley 值和利润分配的做法,以机器学习为应用场景设计出实时在线数据交易双边市场。在模型中,多个买方需要不同准确度的训练数据集来进行市场营销,多个数据卖方共享各自的数据,由统一的在线市场设计不同的数据产品,并基于特定数据组合产品的零后悔拍卖机制来激励买者透露真实的价值评估,并据此对不同的买者销售数据产品和收取价格,根据卖者边际贡献来公平分配数据产品的销售收入。此时,卖家的边际贡献根据其提供的所有数据对所有买家模型准确度的边际贡献来计算,恰恰是因为卖方没有足够大的市场力量控制市场,而在统一的市场的机制设计下,又只能提供真实的数据,而非增加噪声或者复制数据滥竽充数。一般而言,计算

Shapley 值十分复杂，只在一些特殊情况下这种困难可以得到缓解，例如 Maleki 等（2013）提出的置换抽样法、Jia（2019）提出的 kNN 分类器方法。

对于已拥有众多数据资产的数据公司，公司内部的分配机制和比例显得十分重要。可以参照知识型企业价值分配方法，通过对不同股东对净利或经济增加值（economic value-added，EVA）的边际贡献大小来决定彼此之间的分配额度。以企业 EVA 和众多生产要素的投入符合柯布-道格拉斯生产函数为例，各价值贡献主体对 EVA 的边际贡献即为他们对应的分配收益。

对于价值贡献比例、价值链尚不清晰的数据资产的分配，则需要进一步在市场中不断摸索、探寻，并辅之以适当的顶层设计和规范。

5.3 数据收益的再分配

当前，数据要素的收益分配不均衡现象突出，造成了区域发展失衡和不同群体之间的不公平。为缓解这一问题，高效、公平的数据收益再分配制度成为亟需解决的问题（杨铭鑫等，2022）。

5.3.1 数据要素的二次分配

数字经济中，数据要素的收益分配不均衡，主要表现在东西部地区存量差距及个人数据收入分配不均。首先，根据国家数据资源调查报告，东部地区储备了我国大部分数据资源，自 2017 年至 2019 年，东部地区的数据储备约占全国总量的 56% 左右。因此，东部地区取得了显著的数据要素产业集群发展和培育成果。与之相对，西部地区的数字经济规模普遍低于全国平均水平，数字经济发展势头相对较弱。其次，个人与数据收集、开发平台企业之间的数据收入分配不均，进一步加剧了收入分配的不平等现象。大量的用户数据蕴藏着巨大的商业价值，数字平台通过强制的"自愿许可"方式,获取了大量个人信息。个人作为主要的数据提供者,却缺乏直接参与数据要素收入分配的途径,实际上,我国个人信息与用户隐私侵权案的数量及赔偿力度远不能满足用户对隐私保护的期望。

为解决这一问题,再分配的角色不可或缺。在二次分配中,通过提供税收减免、奖励和补贴等方式,激励企业和个人投入数据要素的生产和创造的同时,促进数据收入公平分配。可以从政府财政预算收入和支出两侧设计适配数据要素市场发展的兼具监管效力和激励机制的二次分配制度。

1. 数据税收相关制度

在设计数据相关税收项目制度时,增设针对数据交易和使用数据提供数字服务的收入的税收项目,有利于发挥税收的调节作用。当前我国数据要素收益分配不均衡的问题日益凸显,特别是东西部地区之间的数据资源差距较大,东部地区集中了大量数据资源,而西部地区数据经济发展相对较弱。因此,税收制度可以是解决数据要素收益分配不均衡的工具之一。

为了提高数据税收制度的公平性和有效性,应采取综合考虑数据产业链、鼓励中小企业参与数据产业链、引入适当的转移支付机制等措施。制定税收政策时需要考虑数据产业链的各个环节,包括数据的获取、加工、分析和使用。不同环节的成本和价值都需要被考虑,数据税收政策应该能够合理地分配产业链上不同节点的价值和利益,避免不公平的收益差距。中小企业在数据产业链中扮演着重要角色,作为数据要素的提供者、加工者和生产者,它们的积极参与对于数据经济的发展至关重要。因而,可以引入合理的转移支付机制,向中小企业提供适当的转移支付,调节数据价值产业链的初次分配,从而鼓励它们更积极地参与数据要素的生产和创造。

在制定税收政策和监管机制时,需要注意防范跨国数字企业的逃税行为和利润转移。跨国数字企业的利润转移行为可能导致税收损失，需要采取措施来防止这种情况的发生。跨国数字企业通过信息和通信技术向市场国的消费者提供数字商品或服务，在冲击传统独立实体的税收规则的同时，还免除了在市场国缴纳税款的义务。根据统计数据，欧盟成员国因跨国数字企业采用利润转移的避税方式，每年损失约500亿至700亿欧元的财政收入。以苹果公司为例，该公司在2016年通过利用爱尔兰的优惠政策，成功实现了在欧洲地区的146亿美元的避税。同样地，在2017年，亚马逊公司在英国的总收入达到了113亿美元，同比增长了3倍，然而其在英国的纳税额仅为590万美元，同比下降了40%。因而可以采取一定的措施，规制不合理的跨境利润转移和避税行为。

针对大型数字平台企业等，OECD提出用户参与方案、营销型无形资产方案以及显著经济存在方案等征税方案。用户参与方案强调高度数字化企业通过开发活跃用户群来获取用户提供的数据和内容，并以此创造价值。该方案建议基于活跃用户所在地进行利润的分配，且仅适用于能够从用户活动中获取价值的商业模式，对于传统的客户关系模式不建议采用。营销型无形资产方案主要针对在市场所在国未成立实体企业、仅成立承担有限功能和风险的实体企业，或通过远程方式进入市场所在国的企业。修正后的剩余利润分配法主要包括计算扣除常规功能利润后的剩余利润，将剩余利润在技术型和营销型无形资产中分摊，并按照既定因素将归属于营销型无形资产的剩余利润分配至各个市场所在国。显著经济存在方案针对经济数字化和其他科技手段的进步，使得企业在未设立实体的情况下也能高度参与当地经济活动。该方案主要考虑的因素包括在当地持续获取收入、用户群所在地、用户对数据的贡献度、数字化内容的来源地、使用当地货币或付款方式计费和收款、网站是否以当地语言运营、最终交付责任所在等。显著经济存在方案建议根据业务的重要经济关系所在地，按一定比例将利润分配至各个显著经济存在地。这些方案需要综合考虑不同因素，包括业务模式、数字化程度和经济关系等,以确保税收制度的公平性和可行性。虽然上述方案主要针对的是跨国数字企业的征税方案改革,但其核心思想可以借鉴于大型数字企业的数字服务税的制定。值得注意的是,建立数字服务税制也面临一些挑战。数字平台企业的运营模式和数据交易较为复杂,数字经济的发展也在不断变化和演进。因此,在制定数字服务税制时,需要综合考虑不同因素,包括业务模式、数字化程度和经济关系等,以确保税收制度的公平性和可行性。例如,征收增值税的潜在风险是纳税主体通过提高定价将税负转嫁给下游产业,从而加重收入分配不公,因而需谨慎探索数字服务税。

2. 数据转移支付相关制度

为推动数据要素市场的发展和数据要素流通交易的繁荣,可以考虑以下转移支付制度(杨铭鑫等,2022)。

设立数据要素市场的基本建设支出项目,包括但不限于建立数据要素市场所需的基础公共服务平台。如前所述,第三方"数据销售商"通常会从多种渠道、多个企业处收集和整合数据产品,相对来说,其提供的数据产品更加多元、综合。同时,第三方数据机构还可以为数据买方提供风险中和与激励机制。通过转移支付制度来支持数据交易平台、数据标准化和安全保障平台、数据共享与合作平台等的建设与发展,将为数据要素市场提供所需的基础设施与支持,从而促进数据要素的流通和交易。

制定数字税收优惠政策或新型专项财政补贴制度时,必须充分认识到数字产业链的特殊性。数字产业链中的价值创造通常涉及多个环节,包括数据采集、加工、分析和应用等。在这一复杂的过程中,各个环节的贡献都是不可或缺的,因此税收政策需要精心设计,以便推动整个产业链的发展。其核心思想是,在数字产业链的各个环节,通过适度的税收减免、财政补贴或资金支持,来促使企业在数据采集、加工、分析等环节中投入更多的资源和创新。例如，在数据生产环节，企业可以根据其采集数据量和质量的不同，享受相应的税收减免或激励性补贴。针对数据加工企业，政府可以通过税收减免的方式，降低其生产成本，从而降低数据加工环节的门槛，促进更多中小企业参与。而对于数据分析企业，可以通过财政补贴的方式，鼓励其投入更多资源进行创新研发，提升数据分析的水平和应用价值。

值得注意的是，数据价值的实现需要多个环节的协同合作，而其中的初创企业往往是整个产业链中最薄弱的环节。因此，政府可考虑减免初创企业在数据产业链上的税收负担，以鼓励他们积极投身于数据要素的加工、分析和创新。此外，针对中小企业，可以考虑引入阶梯式税收政策，逐步减轻其税收压力，促进更多创新型企业加入数字经济的发展大潮。此举不仅有助于促进产业链的补链与强链，还能够推动数据要素市场更为广泛的发展，创造更多的就业机会和经济增长点。

然而，税收转移支付制度的实施需要谨慎考虑，以避免产生负面影响。政府应当确保这一制度不会引发税收逃避、滥用或不当的补贴行为。为此，建立明确的资格认定标准和审核机制，同时完善资金使用管理和信息公开机制，以及加强监督和审计，是必要的步骤。最后，应当制定长期规划，逐步完善税收转移支付制度，也有助于保持制度的稳定性和可持续性。

通过这一系列策略的有机融合与贯彻，有望缓解数字经济收入分配不均衡的现状和趋势，推动数据要素市场的可持续增长，促进数据要素的自由流通与充盈交易。与此同时，还能够显著提升数据治理的能力，为数字经济的健康发展提供坚实支撑与有力保障。这些举措将为资源的有效配置、创新创业的持续推动创造有利条件，从而在推动数字经济实现高质量发展的征途上迈出实质性一步。

3. 公共数据的再分配

公共数据的再分配需要至少解决以下三个问题，才能激发政府主体的积极性和公共数据的流通开发，同时促进公共数据的价值分配惠及大众，减小数据鸿沟。

首先，如何完善大数据集团和政府、公众之间的反馈机制和收益分配机制，让公共数据真正取之于民、惠及公众亟待解决。目前我国的公共数据开发方式主要为政府无偿授权给大数据集团。作为企业，这些大数据集团可以持有、使用和经营公共数据，从而获得财产性收益。这个环节体现了公共数据的开放性，但公共数据的公共性和共享性并不一定意味着公共数据应完全免费提供给大数据集团。因而，探讨政府通过何种方式获得大数据集团的反哺是今后学术和实务界的重要课题。比如，对于公共数据产品，如政府部门授权给其他企业或个人对公共数据进行加工以进行营利性活动，则政府可以考虑对这部分数据信息的使用收取服务费，并将这部分收益设立专门的二次分配方案；重点关注解决数据利用能力、数据生产过程中的相对弱势群体。比如"专费专用"制度，将这部分收入和税收用于缓解数字鸿沟，充分发挥数据要素二次分配的功能。在满足效率、公平原则的收益分配规则下，数据要素才能充分流动和交换，从而形成更多的数据消费和服务产品，创造更多的价值，这反过来又能够促进数据要素和全社会的生产。

其次，如何设计激励相容模式、收入反馈模式，来提高政府及委办局推进公共数据业务的激励亦需解决。目前政府的收入一般只包含费和税，数字税法的敲定需要一定的时间成本和经验验证，因而数据费用收入在短期内是可供尝试的。但目前我国政府并没有数据使用费等类别名目，因而政府往往只能将公共数据的使用权无偿地授予大数据集团。由大数据局或者数据中心来汇集委办局的公共数据，而大数据集团往往是大数据局的附属机构，因而无法直接反哺委办局。在没有明晰的收入-劳动激励之前，政府很难像发展土地财政那样，充分投入和配合公共数据的业务开发。部分研究建议，可以借鉴专利权人开放许可制度的模式，明确授权许可费用的收取方式和主体。例如，将授权费用作为国有资源（资产）有偿使用的形式收入，或将费用纳入地方政府性基金或政府专项收入。这样，可以合理配置公共数据的市场化运营权，同时提升政府部门的财政预算收入。政府将这部分收益在再分配过程中，用于弥补数据资源汇聚、加工、传输等成本，提高公共数据资源使用效率；同时，进一步用于解决包含居民数字收益不平等问题等在内的居民贫富差距问题。

最后，不同政府层级、部门之间的公共数据收益分配问题和规范使用问题亦随之而来。如果将同级政府对各自公共数据汇合、共同收益，再进行价值分配，将可能涉及打通不同部门数据的成本、收益公平分配的难题等；如果收益权分配不均衡，则可能产生同级部门之间互相抵触共享和汇总数据，从而不能充分发挥数据的价值，甚至可能会形成政府内部的数据孤岛。

需要注意的是，制定公共数据开发和分配制度时，应明确公共数据开放和公共数据授权运营的范围，避免非必要的行政审批权对公共数据要素自由流动造成的干扰。同时，需要合理设置收费标准，以避免给企业运营增加负担。还需要明确授权部门和运营机构各自的权责，例如明确公共数据的处置方式和安全等级，以防止"寻租"行为、危害个人隐私和公共安全事件发生。此外，还应进一步明确公共数据开放服务和公共数据授权收费的职能边界，以防止政府职能错位和角色混淆。

在地方政府层面，可以依据实际需求建立行政部门数字化建设专项支出管理机制，以全面推动数字化转型并实现政府治理的现代化。这一机制将推动数字化建设纳入政府部门的绩效考核体系。通过设立专项支出项目，将部门数据开放作为其中一个重要的考核因素，可以直接激发政府各部门积极投身于数据开放和数字化建设。这种考核机制不仅强化了政府内部对于数据开放的重视程度，也使得数字化建设与政府绩效评估有机融合，从而形成更加积极的政府推动力。通过建立这一机制，地方政府不仅能够更好地响应数字化时代的挑战，还能够有效提升数据治理能力。数据的有效收集、整合、分析和应用将使政府更加高效地制定政策、实施决策，并为市民提供更优质的公共服务，同时促进数字税收和数据开放等领域实现更为深入的改革和创新。然而，要确保这一机制的有效运行，还需要解决考核指标体系、政府内部数据共享和协作机制以及行政部门的培训和引导等一系列问题（杨铭鑫等，2022）。

在政府再分配之外，设立公开、透明的公益性信托机构也是一个思路。邹洋（2010）提出，结合国外理论和实践经验来看，通过公益性信托机构的方式可以有效促进公共资源的分配。例如，英国国家信托以接受社会捐赠、遗产以及商业运营（主要通过参观方式获益）的方式，将其所得收益用于保护古代遗迹自然保护区、海岸线和乡村土地等；美国的土地信托机构，包括自然保护协会和公共土地信托协会，则通过其公开、透明的运营将所有收入投入到土地保护和解决贫富悬殊的再分配问题。又如，对污染许可权的拍卖，通过设定公共资源的使用限额（空气、水等自然资源的污染限额和许可权）获取收入，既能促进环境保护，又通过将这些收入用于改善环境、居民再分配进一步提升社会福利。

5.3.2 三次分配制度

中央财经委员会第十次会议强调了三次分配协调配套的基础性制度。第三次分配是在市场主体、公益机构和政府三方的力量配合下进行的，通过社会主体自愿的形式展开，以弥补初次分配和二次分配的不足（杨铭鑫等，2022）。为了推动数据要素市场的三次分配机制，需要配合制定科学合理、符合我国国情和数据要素市场发展现状的社会分配发展战略。这一战略旨在提供公平高效、服务周到的政务服务的同时，鼓励涉及数字经济金融业务的企业在数据要素相关的第三次分配中主动承担社会责任，先富帮助后富，通过捐赠税后利润或依托公益机构进行税前捐款捐物等方式来调节社会资源的配置，政府则通过财政补贴、税收优惠和购买服务等方式鼓励社会主体积极参与第三次分配（郑功成，2021）。

涉及数字经济金融业务的平台企业首先应完善自我治理，积极承担社会责任，形成面向原始数据来源方的权益补偿机制、公益性数据项目和社会捐赠。为确保数据安全与合规，建议数字企业采纳有效措施，包括利用第三方机构的数据安全审计等，保护数据全生命周期的安全和隐私。与此同时，与原始数据来源方建立稳固的长期合作关系，保障数据流通交易中的公平利益分配。此外，数字企业还可通过经营盈余捐赠、税前支出捐赠，或提供便民数字服务等方式，将数字红利回馈于民众。

政府在此过程中可以有所作为。例如，采取差异化的税收补贴、优惠政策，激励有正外部性的数字企业推动数据要素的开发。同时，在数字税收的基础上建立专项基金，一方面用于支持数字弱势群体的培训与技能提升，提升其在数字经济中的参与能力；另一方面鼓励企业开展公益性数据应用与服务项目，缩小区域和群体间的数字鸿沟。政府还应投资数字基础设施建设，提升对数字鸿沟较大地区的人才培养与创新支持，推动企业在这些地区建立研发中心和生产基地，创造更多就业和发展机会。

为保障数据治理的合规性，可建立行业标准和规范，要求平台企业遵循最佳实践。积极推动数字企业、公益机构、高校和科研机构的合作，促进公益性数据项目的推动；侧重打通数据应用服务开源开放渠道，鼓励多向、多源的数据共享。此外，强化监管力度，建立健全法律法规体系，确保第三次分配的公正与透明（杨铭鑫等，2022）。

综上所述，通过制定科学合理的社会分配发展战略，建立鼓励社会主体参与的激励机制，可以有效推动数据要素市场的健康发展和公平分配。政府、企业和公益机构应共同努力，积极参与三次分配，为数字经济的可持续发展提供坚实的基础和支撑。

总体来说，我国应该针对数据资源的开发和分配设计完善的制度框架，坚持以市场分配为主，多种分配方式并存。继续完善初次分配机制，保证机会均等，按各生产要素贡献分配，激发数据市场的活力；加快健全再分配和三次分配调节机制，注重效率优先，兼顾平等；完善政府对数据生产要素收益的财政收入转移支付规则和制度；鼓励企业家、慈善家将数据收益所得更多地用于改善社会数字鸿沟；建立健全促进数据经济发展的长效机制，包括加快数据要素收入分配相关领域立法；维护数据原始生产者、加工者等市场参与主体的合法权益；严格限制数据获益的非税收入、非法收入等，推动形成公开透明、公正合理的收入分配秩序。

本章参考文献

Agarwal, A., Dahleh, M., & Sarkar, T. (2019, June). A Marketplace for Data: An Algorithmic Solution. In Proceedings of the 2019 ACM Conference on Economics and Computation (pp. 701-726).

Jia, R., Dao, D., & Wang, B. et al. (2019). Efficient Task-Specific Data Valuation for Nearest Neighbor Algorithms. arXiv preprint arXiv:1908.08619.

Maleki, S., Tran-Thanh, L., & Hines, G. et al.(2013). Bounding the Estimation Error of Sampling-Based Shapley Value Approximation. arXiv preprint arXiv:1306.4265.

Shapley, L. S. (1953). A Value for N-Person Games.Technical Report P-295, RAND Corporation, Santa Monica, CA.

蔡继明、刘媛、高宏、陈臣 . 2022. 数据要素参与价值创造的途径——基于广义价值论的一般均衡分析 [J]. 管理世界，第 7 期：108–121.

蔡继明、江永基 . 2010. 基于广义价值论的功能性分配理论 [J]. 经济研究，第 6 期 .

蔡继明 . 2020. 论财富创造与财富分配的关系 [J]. 经济学动态，第 4 期 .

陈衍泰、许正中、谢在阳 . 2021. 数字经济发展背景下数据要素参与分配的机制研究——以浙江为例 [J]. 清华管理评论，第 11 期 .

杜庆昊 . 2020. 数据要素资本化的实现路径 [J]. 中国金融，第 22 期 .

厉以宁 . 2013. 收入分配制度改革应以初次分配改革为重点 [J]. 经济研究，第 3 期 .

龙登高 . 2018. 中国传统地权制度及其变迁 [M]. 北京：中国社会科学出版社 .

罗必良 . 2017. 科斯定理：反思与拓展——兼论中国农地流转制度改革与选择 [J]. 经济研究，第 11 期 .

欧阳祖友 . 2010. 知识型企业收益分配理论创新 [J]. 中国证券期货，第 8 期 .
前瞻产业研究院 . 2020. 2020 年中国数字经济发展研究 [J]. 大数据时代，第 12 期 .
徐晶、张孜仪 . 2012. 土地开发整理与农民土地持有产权的耦合：参与路径与利益重组 [J]. 法学评论，第 4 期 .
杨铭鑫、王建冬、窦悦 . 2022. 数字经济背景下数据要素参与收入分配的制度进路研究 [J]. 电子政务，第 2 期 .
郑功成 . 2021. 以第三次分配助推共同富裕 [N]. 中国社会科学报，11-25（001）.
庄子银 . 2020. 数据的经济价值及其合理参与分配的建议 [J]. 国家治理，第 16 期 .
邹洋 . 2010. 西方公共资产理论和实践及对我国收入分配和环境保护的启示 [M]//"科斯与中国"暨庆祝罗纳德·科斯教授百岁华诞学术研讨会论文集 .
王汉华、刘兴亮、张小平 . 2015. 智能爆炸：开启智人新时代 [M]. 北京：机械工业出版社 .

第6章 数据要素市场

6.1 数据要素市场的基本问题

6.1.1 什么是数据要素市场？

数据要素市场是指以数据产品或服务为流通对象，以数据的供方和需方为市场主体，通过数据要素的交换满足参与者诉求的机构、程序和基础设施，是由制度与技术支撑的复杂系统。[①] 在经济学理论中，生产要素市场被定义为"生产要素在交换或流通过程中形成的市场"，典型的生产要素市场包括资本市场、劳动力市场、土地市场、技术市场等。生产要素是最终消费品生产活动中的原料，在新古典生产函数中以自变量的形式呈现，例如经典的柯布 – 道格拉斯生产函数 $y=AK^{\alpha}L^{1-\alpha}$ 中，K 表示生产资本需求，L 表示劳动需求。在一般均衡中，除消费品市场外，资本市场、劳动力市场等生产要素市场对经济再生产同样举足轻重。中国是世界上首个在顶层战略层面将数据定义为生产要素的国家。2020 年 4 月，《中共中央国务院关于构建更加完善的要素市场化配置体制机制的意见》公布，将数据与土地、劳动力、资本、技术等传统要素相并列。作为新型生产要素，数据是数字时代智能化、网络化生产方式中的必需品。从数据的技术—经济特征来看，

---

① 资料来源：中国信息通信研究院，《数据要素白皮书（2022 年）》，2023 年 1 月。

数据的非竞争性为经济增长水平的提升提供了新动能（Jones and Tonetti，2020）。那么如何利用数据要素的这一新特性释放其潜在价值呢？关键还是在于实体间的数据共享。但是基于市场竞争地位的顾虑，企业不愿无偿分享自己持有的数据资源，因此如资本市场、劳动市场一样，数据也需要一个流通交易的环境，即数据要素市场。图6.1展示了数据要素市场在经济系统中的角色。

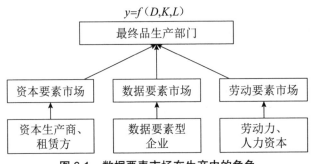

图6.1　数据要素市场在生产中的角色

基于数据要素流通特性的视角，可将数据要素市场的交易模式分为5类（黄丽华等，2022）：（1）数据管道，指供需双方通过长期契约实现一对一传输的流通模式，例如同一供应链内上下游企业进行数据共享；（2）供方主导的数据集市，指单个供应商为多个使用者提供数据的流通模式，典型的案例如万得、彭博等；（3）需方主导的数据集市，即单个数据需求者从多个供方处获取数据，例如国家电网、阿里巴巴的数据中心；（4）平台市场，即提供多方匹配服务的数据流通中介，例如上海数据交易所、"京东万象+"数据市场等；（5）数据做市商，由独立的代理商作为中间方撮合交易。图6.2描述了上述5类交易模式的拓扑结构。

数据要素市场也有"场内市场""场外市场"之分。场内市场指以数据交易所为流通场所的市场；场外市场则是指场内市场以外的其他交易市场。中国现存的数据交易所，基本采用了平台市场的交易模式。数据管道、供方主导的数据集市、需方主导的数据集市、数据做市商模式都属于场外市场。场外市场的优势在于交易模式的选择相对灵活,在特定的商业生态系统中容易形成稳定的合作关系,降低了信息搜寻成本。但是同时这也限制了数据流通的潜能,导致了行业间甚至核心企业主导的生态圈间的市场分割现象(Elsaify and Hasan,2020)。另外,场外市场安全风险高,监管难度大,产品的合规性通常较低。

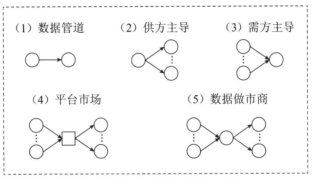

图 6.2 数据要素市场的交易模式

资料来源:黄丽华等(2022)

以平台作为流通中介的场内市场发展迟缓。黄朝椿(2022)指出中国的大多数数据交易所存在"有数无市""有市无数"的现象,换言之,供需双方缺乏动机进场交易。数据估计 2023 年中国数据要素市场(包含场内市场和场外市场)规模超过 1100 亿元,而场内市场的交易额不足 100 亿元,两者间存在量级上的差距。①

场外市场选用的交易模式中,平台市场的运营状况也难以令人满意。亚马逊数据集市(Amazondatamarketplace)上线的 3000 余个数据产品中,产品价格方差巨大,产品质量良莠不齐。京东的数据超市"京东万象"在 2023 年初也因运营问题进行过整改。针对上述现象,提出一些面向数据要素市场建设实践的问题:为什么企业缺乏动力参与场内市场?平台模式是否适合数据要素交易?数据交易所应选取什么样的交易模式?数据要素市

---

① 数据来源:国际数据公司(IDC);国家工业信息安全发展研究中心。

场建设的难点是什么？这些问题将在不断更新迭代的实践探索中得到解答。

6.1.2 为什么数据要素市场的建设具有挑战性？

作为新兴的生产要素市场，中国数据要素市场的建设是一个棘手的新问题。如果依照萨伊定律的逻辑，产品生产本身能够创造自己的需求，而市场这只"看不见的手"发挥自我调节的作用，生产要素市场的形成似乎不需要依赖外力推动。而实践证明，数据要素市场的活跃度远不及预期。中国的数据交易实践始于2014年，截至2021年末，地方政府主导成立了31家数据交易平台，但绝大多数机构现在都处于关停或空转的状态（黄丽华等，2022）。少数存续或新设立的交易机构，其实际成交额与数据要素的需求量相比也具有量级上的差距。其实，资本、劳动等传统生产要素市场也存在摩擦，也需要信息交换、搜寻匹配，但是数据要素具有比生产资本、劳动力等更复杂的属性，这些特质构成数据要素市场形成的重重阻碍。

数据要素具有多元主体性。作为经济活动的衍生物，数据是自然人、企业、政府等市场主体间交互形成的生成品（刘涛雄等，2023；Cong and Mayer, 2023；Farboodi and Veldkamp, 2021）。争议纷繁的数据权属问题，本质上源于数据产生过程中多元主体参与的事实。在流通过程中，数据"由谁持有、由谁控制"涉及市场参与者之间权益的分配问题，具体可表现为作为个人数据权利主体与作为数据使用者或经营者的企业之间的关于个人信息权利的纠纷，企业与企业之间的数据控制权纠纷等。这些由交织的权益引发的潜在冲突，构成影响数据流通效率的一类交易成本。基于此，第一个观察是：数据的合规性是数据要素市场建设中需要考查的一个重要因子。如果数据的供方在销售数据产品或服务时无须再顾虑自己是否具备运营资质，出售的数据产品或服务不会引起与自然人、其他实体间的冲突，与此同时数据的需方也不必担忧在购买数据后受到法律牵连，那么数据流通便具备了第一个前提：供需双方"敢交易"。

数据要素具有可计算性。可计算性是指数据要素被购买方加工使用后产生新的分析的可能性（黄丽华等，2022）。与数据相关的多维指标都影响到可计算性，例如颗粒度、观测量、结构化程度、变量维度等。可计算性带来以下问题：（1）数据要素成为一种"体验品"，甚至是"信任品"。体验品是指消费后才能获知其质量的商品，而信任品是指即便在消费后也难以确切知道其质量的商品。从数据要素参与经济生产的机理看，数据需要经过多重加工、与其他生产要素结合方能充分释放价值，并且这种价值创造对于不同行业甚至不同企业间都是高度异质性的，那么在交易前数据需方很难评估数据的价值。考虑到数据的可复制性导致其无法"退货"，供方不会在事前提供完整的数据样本，这就导致了"阿罗信息悖论"（熊巧琴、汤珂，2021）。（2）数据交易的契约具有不完全性。不完全契约理论最早由 Grossman 和 Hart（1986）提出，将公司产权视作一种剩余控制权。由于数据的可计算问题，数据的使用收益是不可合约的（杨竺松等，2023），因而由事后的不可验证性引致了事前数据开发投入的不足。龚强等（2022）同样基于不完全契约理论，提出数据具有"场景专用性"的特点，进而削弱了市场主体的私人投资激励。基于上述文献，得到第二个观察：数据要素是高度非标准化的，需要依赖制度和技术协同培育数据要素的流通生态。

数据流通是安全脆弱的，具体表现在以下方面。数据能够被无限复制和分享，考虑数据持有者 A 一旦将数据出售给需求者 B，B 就有可能在数据黑市上将其转卖给需求者 C，从而使得 A 丧失了对数据的控制；或者如果数据经由平台销售，数据的可复制性使得平台能够拦截并攫取数据，这滋生了平台对于数据主体的侵权的可能。此外，数据的非标准性，也即数据高的可聚合性、价值可塑性，使得相同数据经过组合、拆分、调整后能够以多元的形式呈现，那么使用统一的方法对数据进行核查、质检等便较为困难，最终在数据内容、质量等层面容易引发争议。可见，数据流通需要市场各主体间充分信任（汤珂、王锦霄，2022）。但这种信任不会天然地、自发地存在于数据要素市场，而是需要交易技术基础设施以及第三方监管的存在。选择可信的流通模式和技术，辅之以贯穿流通全流程的监管方案。也就是说，对数据要素市场的培育，首先需要建构信任。

数据要素市场中机构的设立、程序的设定以及制度的建构，需要以对于上述提及的数据要素特质的理解为前提。如高富平和冉高苒（2022）指出，建设数据要素市场的关键路径并不在于设立数据交易场所本身，而是需要形成契合数据要素及其流通特性的基础性机制，包括数据产品供给的激活、数据流通服务的发展、数据要素使用的促进等。2014年至2021年间，中国数个大数据交易所的昙花一现，体现出对数据要素市场形态和功能的误解。彼时的数据交易所期望通过设立几处固定的交换场所，通过公开、集中、高频、竞价的方式进行，但这种本是应用于证券、期货交易的模式，忽视了数据要素的非标准性，便出现了"进场企业少、交易数据少、成交金额少"的状况。黄朝椿（2022）指出传统交易所模式有以下3种核心机制：(1) 基于第三方的信用机制；(2) 严格、强制的信息披露制度；(3) 标准化的交易标的。遗憾的是，如前文中对数据要素特质的分析，数据交易难以满足上述机制：(1) 信息不对称问题严重，信用机制建设困难；(2) 阿罗"信息悖论"存在，信息披露意味着数据价值丧失；(3) 数据难以进行标准化生产与再生产。因而，数据交易所更类似于婚姻介绍所，提供撮合匹配、安全认证的功能，而非以商场或证券交易所为样板（丁晓东，2022）。可见，要推动数据要素的充分流通，仅依靠建设交易场所是远远不够的。鉴于数据要素的多元主体性和非标准化，其流通模式应是服务合作型的，这一过程需要多方参与者。

数据要素的流通过程是低信任、弱商业化的。所谓低信任是指交易对手对彼此的数据控制能力、信用等缺乏信任；所谓弱商业化是指数据的供需双方对数据生产、使用、收益的商业模式了解程度较低。引入供需双方以外的各类第三方服务商，将有助于增进信任，降低交易成本。2021年以来，中国的数据交易机构在运营模式方面进行了积极创新，在交易场所外，引入了多元的市场微观主体以融通数据交易。6.2 节将从微观视角剖析数据要素市场的参与者构成，并探讨市场参与者的动力机制。

6.2 数据要素市场的微观主体

从商品交易的一般规律出发，可笼统地将数据要素市场划分为供给侧、需求侧、交易侧三个板块。由于数据交易的双方的不信任，需要引入交易的第三方即中介机构。如果结合数据价值链的特点细致考查，会发现从供给到需求的全链路上，数据登记、质量评估、合规审计、价值评估、交易经纪、产品交付、事后仲裁等相关服务都需要纳入数据的流通环节。这些环节需要多种类型的服务商参与。参与数据要素市场的各类商业主体，统称为"数商"。这一概念最初由黄丽华教授于 2021 年全球数商大会上提出，其定义为"以数据作为业务活动的主要对象或主要生产原料的经济主体"。根据上海数据交易所的实践，数商包括以下 15 个类别：①数据基础设施提供商；②数据资源集成商；③数据加工服务商；④数据分析技术服务商；⑤数据治理服务商；⑥数据咨询服务商；⑦数据安全服务商；⑧数据人才培训服务商；⑨数据产品供应商；⑩数据合规评估服务商；⑪数据质量评估商；⑫数据资产评估服务商；⑬数据经纪服务商；⑭数据交付服务商；⑮数据交易仲裁服务商。这 15 类数商的业务标签如表 6.1 所示。

表 6.1 数商类别及业务标签

数 商 类 别	业 务 标 签
数据基础设施提供商	云计算、服务器、区块链、流通技术等
数据资源集成商	存储、采集、集成、一体化、数据湖、数据中心、数据中台、数据仓库、系统部署等
数据加工服务商	处理、标注、外包、清洗、脱敏、融合、标定、视频识别与标注、异构数据、图数据等

续表

数商类别	业务标签
数据分析技术服务商	商业智能、数据挖掘、数据可视化、人工智能、数据智能、AI 建模、数据分析、机器学习等
数据治理服务商	数据治理、数据分级分类、数据标准、数据质量、DCMM 等
数据咨询服务商	数据咨询、数字化转型咨询、企业信息化咨询、数据管理、管理咨询、数字化服务等
数据安全服务商	数据安全、网络安全、云安全、信息安全、DDOS 防御、云平台安全、IT 运维安全等
数据人才培训服务商	IT 教育、IT 技术社区、IT 学院、IT 人才、数据管理培训、分析培训等
数据产品供应商	金融、互联网、交运、医药健康、能源、工业制造、通信运营商等
数据合规评估服务商	数据合规、知识产权、合规经营、公司治理、数据保护、互联网法律等
数据质量评估商	数据质量评估、数据质量修复等
数据资产评估服务商	资产评估、财务咨询、资产审计等
数据经纪服务商	交易撮合、交易经纪等
数据交付服务商	隐私计算、数据交付、联邦学习、多方安全计算、可信执行环境、融合计算等
数据交易仲裁服务商	仲裁、争议解决等

资料来源：上海数商协会、上海数据交易所、复旦大学等：《全国数商产业发展报告（2022）》

　　数商的业务标签与数据交易的流程密切相关。从类别看，数商这一概念范畴并未限制于交易环节本身，而是涵盖了从原始数据到要素产品再到流通商品这一全生命周期内的价值创造、交付与实现过程中的市场参与者（李金璞、汤珂，2023）。数商包括传统信息服务市场中业务已经相对成熟的实体，例如数据资源集成商；也包含辅助数据充分流通的新出现的组织机构，例如数据交付服务商。如果从数据价值链及数据流通流程的视角分析，数商的角色如图 6.3 所示。

第 6 章 数据要素市场　　147

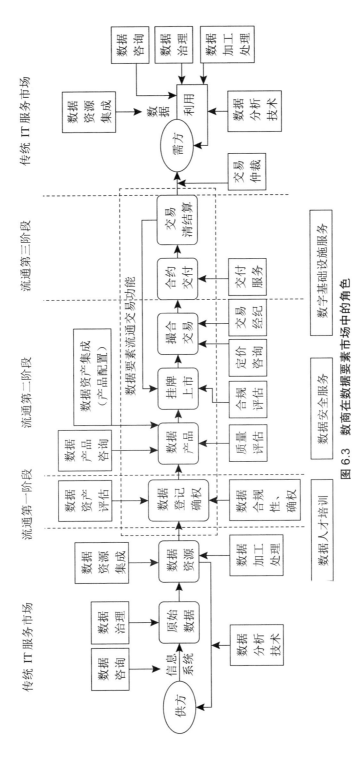

图 6.3　数商在数据要素市场中的角色

资料来源：上海数商协会、上海数据交易所，复旦大学等：《全国数商产业发展报告（2022）》

过去两年的实践状况表明，数商的经营状况及成长趋势呈现出显著的异质性。据上海数据交易所的调研结果，企业样本数最多的类别分别为：数据咨询服务商、数据资源集成商和数据分析技术服务商，而样本数最少的类别包括数据治理服务商、数据交付服务商、数据交易仲裁服务商和数据经纪服务商。发展趋势方面，数据资产评估、合规性评估、咨询服务企业数量增长最快，而数据产品供应商的增速最缓。此外，市场占有率高、成长速度快的数商通常也能够获得更大规模的融资。[①] 因此，数据要素市场也存在"短板效应"：数据产品供应商数量少、发展慢，是数据要素市场供给侧掣肘的微观表现；供给侧的迟缓发育，会牵连到交易环节中服务商的业务；同时，数据经纪、交付服务尚处于起步阶段，数商数量不足、影响力弱，进一步阻滞了数据要素市场的发展。

2022年末，"数据二十条"发布，提出"数据商"和"第三方专业服务商"概念。数据商的市场功能是为交易双方提供数据产品开发、发布和承销，以及数据资产的合规化、标准化和增值化服务；第三方服务机构则是指市场供给侧、需求侧以及数据交易所之外的市场参与者，其功能定位是提升数据交易全流程的服务能力。

原始数据如果不经过加工处理，会以碎片、残缺等低质量形态出现，难以与其他生产要素结合创造价值（蔡继明等，2022）。数据商的重要作用在于帮助数据资源的供方完成资源汇集、资产登记与管理、产品研发与咨询等工作，将无法直接提供价值的原始数据转化为可流通的要素产品。

数据要素产品或服务成型后，进入交易市场出售。第三方专业服务商帮助供需双方完成合规评估、质量评估、定价咨询、交易经纪、产品交付、争议仲裁等一系列业务，实现产品挂牌、交易撮合、合约交付、交易清结

[①] 资料来源：上海数商协会、上海数据交易所、复旦大学等：《全国数商产业发展报告（2022）》。

算等环节的畅通。这一过程称为"数据要素市场化"。此外，在整个数据生态中，人才培训服务、安全服务、基础设施服务等也由相应的第三方专业服务机构承担。

6.2.1 市场供给侧：数据要素型企业

数据要素的有效供给不足是在数据要素市场的萌生期制约其发展的关键问题。作为经济活动的副产品，原始数据的来源广泛、类型多样、规模庞大。自然人的身份、行为等信息构成个人数据，企业生产过程中生成的数据成为企业数据，由公共部门活动产生的数据属于公共数据。据国际数据中心估测，2024年中国的数据规模接近40ZB。但是这些原始数据若不经过收集和加工，便会因为质量和合规性问题无法参与流通。数字经济时代，生成数据资源和以数据作为决策支撑的企业规模日渐扩张，但将数据要素生产作为主营业务、提供数据产品的企业数量寥寥。因此，现阶段数据要素市场面临的问题不是数据源匮乏，而是高质量的数据要素供给不足，也即数据的有效供给不足。

图6.4展示了按照数据流通环节划分的数据要素市场结构。将数据资源要素化的整个过程设定为市场供给侧，包括数据的采集汇集、登记管理、产品研发等阶段。从原始数据到数据产品被使用创造价值的过程，是数据增值的过程，通常被称作"数据价值链"。数据资源要素化贯穿整个数据价值链，在数据采集、数据存储、数据处理、数据应用中的一个或多个环节进行价值创造。

在数据要素市场的供给侧，提出"数据要素型企业"概念（李金璞、汤珂，2023）。数据要素型企业是指直接参与数据资源要素化的企业。在图6.4中，数据要素型企业包括数据采集商、资源集成商、加工处理商和产品供应商等。因此，数据要素型企业并不特指某一类数据商，而是突出以数据要素为产出的业务能力。这类企业在数据价值链中参与数据供给，

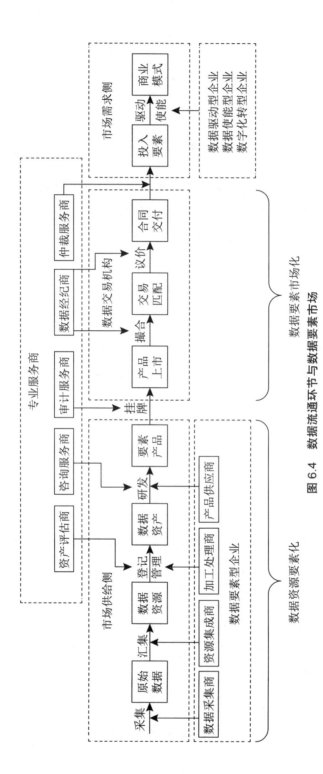

图 6.4 数据流通环节与数据要素市场

资料来源：李金璞和汤珂（2023）

价值链的最终产物是数据要素产品或服务。[①]

有企业垂直整合了数据的采集汇集、加工处理、分析研发的技术水平和市场能力，这类企业称为"数据价值链企业"。数据价值链企业是典型的数据要素型企业，其代表有中国电子、易华录等。这些企业的主营业务是面向人工智能、金融、交通等领域提供数据要素产品或定制化解决方案，其商业模式是通过采集或购置相关领域的原始数据，通过具有自主知识产权的算法、技术等对数据进行清洗、脱敏等标准化处理，并结合人力资本实现计算、分析，完成买方的异质性需求。

"数据二十条"提出的"数据商"概念，强调其在数据资源资产化、产品化过程中的辅助角色。数据采集商、资源集成商、加工处理商和产品供应商都属于"数据商"的范畴，这些定位在数据市场供给侧的数据商，是数据要素型企业的构成部分。在数据要素市场的供给侧，这些数据要素型企业形成竞合关系。这其中禀赋各异的企业应充分发挥比较优势，通过合作共创价值。例如，大型国有企业、互联网企业等具有丰富的数据资源，但由于其核心业务并非数据产品的开发，这些数据要么由企业自用要么自然流失；另一方面，掌握算法技术和数据科学人才的数据商具有开发产品的商业需求。此时促进数据资源密集型的企业与技术密集型的数据商合作，是实现发展共赢、激活数据要素市场供给侧的可能举措。

在市场供给侧，除数据要素型企业之外，还需要第三方服务机构提供资产评估、产品咨询等专业支持。在数据价值链的增值路径上，原始数据历经了资源化、资产化、资本化三个阶段（梅宏，2023）。数据资产化阶段，需要对确认对象进行质量评价和价值评估，由数据质量评估商与数据资产评估服务商提供服务。数据质量及价值评估一般通过专家打分的形式进行，分数参照国家或行业层面的标准，依据特定场景确定（汤珂，2023）。产品

---

① 资料来源：汤珂. 做大做强数据要素型企业 [N]. 经济日报，2023 年 6 月 8 日.

研发阶段，需咨询机构协助数据要素型企业定位市场、制定战略等。总而言之，数据要素市场的供给侧充分体现了"合作服务"的特征，需要充分理解供给侧生态的商业关联。

6.2.2 市场需求侧：数据驱动型企业

长期而言，数据要素市场是一个需求驱动的市场（高富平、冉高苒，2022）。作为一种投入品，数据创造价值的渠道是多样的，因而市场需求方对数据要素产品的用途是高度异质化的，对产品的保留价格或估值也是异质的。例如，Farboodi等（2022）探索了金融数据的估值方案，指出投资者的个体特征影响其对金融数据价值的评估。他们构建了一个带噪声的理性预期模型，在均衡条件下投资者的风险厌恶系数、财富水平、市场流动性等都影响同一数据产品的价值。这一估值结果的差异之大，以至于使得数据产品的需求曲线呈现出"低价格弹性"的特点。这意味着当数据供方调整市场价格时，仅会有极少量的需方给予响应。对于数据的供方而言，最需要顾及的并非数据产品的均衡定价问题，而是如何对接充足的市场需求形成可持续的收益流的问题。正因为数据产品对于需方具有高的异质性，供方才需要更努力地搜寻定位目标市场。但毕竟供方不可能穷尽数据的使用场景，也难以估算数据在计算分析后的使用价值，因此也有必要讨论数据要素市场需求侧的培育问题。

企业会用数据、用好数据的前提是知晓数据要素参与经济生产的机理。在数字时代，公司的治理结构、投融资方式、组织形态等都随着数据要素与传统生产要素的充分融合而革新（陈昌盛、许伟，2022）。数据要素的非竞争性可以带来类同于知识或人力资本的溢出效应，通过参与研发部门的创新活动，以实现内生增长（Cong et al.，2021）。同时，数据能够作为统计决策的支撑信息，辅助企业把握市场现状，分散和降低风险（Farboodi and Veldkamp，2021）。或者，数据要素在企业生产经营中能够提升资本、劳动等其他要素的协同性（蔡跃洲、马文君，2021）。

在公司治理层面，传统的垂直化的组织结构转向虚拟化、网络化、扁平化，公司的治理链条缩短，信息传递效率提升（戚聿东、肖旭，2020）。具体而言，数据的互联互通推动以核心企业主导的生态圈的形成。在生态圈内，企业的研发模式趋于开放化、开源化，用工模式趋于弹性化、多元化，营销模式趋于精细化、精准化，生产模式趋于模块化、柔性化。

企业对数据要素价值的有效挖掘是数字化转型的充分体现。以数据作为核心投入以支撑企业管理决策、价值创造以及商业模式更新的企业被定义为"数据驱动型企业"。麦肯锡咨询公司在研究报告《2025数据驱动型企业》（The Data-driven Enterprise of 2025）中归纳了数据驱动型企业的七大核心特征，分别是：（1）数据根植于企业决策、组织交互和生产过程中；（2）数据的实时处理和传送；（3）灵活的数据存储赋能整合的、可利用的数据；（4）数据的操作模型将数据视为一种产品；（5）首席数据官的角色拓展为价值创造；（6）数据生态中成员的合作关系成为常态；（7）数据管理的三个首要和默认的前提：隐私、安全与弹性。[①] 企业以自产和购置的数据要素为原料，运用人工智能算法、统计模型加以分析，形成数据驱动的商业模式，对生产效率、财务绩效等的推动作用均大于将ICT技术应用于其他领域（Brynjolfsson et al.，2011）。随着企业数字化转型的持续深化，数据驱动的商业模式延展普及，对数据要素具有巨大的潜在需求。

6.2.3　市场参与者的动力机制

在中国数据要素市场建设的探索时期，数据有效供给不足、市场参与者不足是数据交易场内市场不活跃的主要原因（黄朝椿，2022）。除数据要

---

① 资料来源：McKinsey, *The data-driven enterprise of 2025*, Jan 2022. Available at https://www.mckinsey.com/capabilities/quantumblack/our-insights/the-data-driven-enterprise-of-2025.

素的特性对流通交易构成的阻碍外，市场参与者的能力、流通环境等也会影响到市场的活力。本书借鉴了 Grewal 等（2001）面向 B2B 电子市场的模型，提出了数据要素市场的"动机—能力"框架，如图 6.5 所示。其认为，企业内部的动机、能力及外部的市场环境影响企业参与数据要素市场的程度。其中，动机进一步分为效率动机与合规性动机，能力则可细分为技术能力和市场能力。

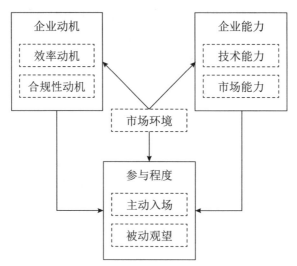

图 6.5 数据要素市场的"动机—能力"框架

资料来源：李金璞和汤珂（2023）

1. 效率动机

Grewal 等（2001）指出企业的效率动机主要受交易成本影响。数据要素市场具有高交易成本的特征，成本项主要由权利保护成本、估值成本、匹配成本以及合约交付成本等构成。在平台或做市商模式下，即便有中介提供搜寻与撮合服务，精准对接产品和服务需求也是一个难题。鉴于数据要素的体验品特性，亚马逊数据集市、京东万象等平台上的商品都采用了先试用后议价的销售模式。上海数据交易所目前采用线上呈现产品，线下撮合交易的方案，从供需对接到合约交付，往往要经历 3 个月到半年的时长。合约在签订和实施过程中的复杂性，增加了交易成本。数据单笔交易的规模通常在数万元至数百万元间，属于新型的大宗商品交易。但是与传统的大宗商品相比，数据交易的周期更长，也因为非标准性无法设立远期合约对冲风险，因而流通效率偏低。激励企业进场交易，要围绕降低交易成本的原则，发挥场内交易的比较优势，吸引各类数据服务商入驻，加速数据的登记、估值、审计、匹配、交付流程。

2. 合规性动机

合规性低、风险高是数据要素市场区别于传统电子市场的关键特征。数据流通的场外市场规模庞大，路径模糊，标准缺失，是典型的"地下市场"。2023年初，有消息称某通信平台的隐私查询机器人泄露了中国45亿条电商物流行业的个人信息，体量高达435GB，严重侵犯了用户隐私，破坏了数据安全。如果数据的合规性不能得到认证，那么数据要素市场始终无法从"地下"转移到"阳光之下"，更不用谈及数据产业政策支持等问题。对于供方而言，自身的合法营业资格能否得到许可，销售的产品与服务是否符合安全标准和监管要求，是其参与动机的基本因素；对于需方而言，要尽量避免涉及关联的法律责任，例如交易是否可溯可查、数据产品是否包含个人信息等。数据合规性是市场参与者敢入场、敢交易的保障。

3. 技术能力

在市场供给侧，存在数据产品开发技术与数据资源错配的问题。前文提及的数据驱动型企业更适宜被定位为数据要素的使用者。此类企业的主营业务并非数据产品经营，即便在生产过程中采集到足量的数据资源，也很可能面临技术匮乏的问题，从而采用自用数据而非对外销售的路径。数据要素的研发技术主要包括数据元件技术、可信计算技术、差分隐私技术等。作为原始数据和应用产品的中间状态，数据元件是标准化技术体系支持下的加工结果，满足可控可计量、可安全流通等要求。同时，基于密码学、统计算法的数据脱敏、差分隐私等方案，也是数据供方技术能力的体现。推进数据技术公司与数据资源密集型企业的商业合作，是提升供给侧技术能力的可行方法。

4. 市场能力

在数据交易中，企业的市场能力是指价值创造、交付与捕获的能力。数据要素市场的个性化程度较高，买方对数据产品的需求与自身的商业模式、业务导向、项目特点等因素密切相关。对于同一数据集，买方的支付意愿呈现出高度的异质性。这对数据要素市场的供给者构成挑战。供方能否准确定位到潜在买家，是否能够充分融入数据生态，能否形成稳定的收益流并且控制数据产品的研发成本等问题，都是其市场能力的反映。另一方面，需求方的市场能力不足也是数据要素市场发展迟缓的一大原因。需求不足的原因是多重的：其一，需求方消费数据的能力不足，大量企业的数字化转型程度有限，很多管理者并不清楚企业需要何种类别、何种场景的数据；其二，企业的数据资产管理水平有限，内部数据尚未得到有效开发，更不用提及外部数据；其三，需求方往往寻求不到符合己方个性化要求的数据产品或服务，无法与供给方建立持续的商业关系。总之，数据要素市场培育需要建构兼顾供需双方市场能力的系统性制度，仅靠提供技术基础设施远不能满足市场发育的需要。

5. 市场环境

市场参与者角色不明的问题阻碍数据生态的扩张。高效的数据交易环境好比是一张具备演化潜力的网络，但目前该网络中各节点的功能作用尚未能够清晰识别，特别是网络中大量中介节点的角色和规范，目前处于缺乏引导的状态。数据要素市场需要哪些服务机构，不同类型的中介应采取何种商业模式，此类机构在推动数据生态演化中的作用，都还没有明确答案。数据要素市场中缺乏与数据流通各阶段相匹配的各类参与者及服务。

例如，数据资产评估环节，缺乏数据资产评估服务商提供财务咨询和数据审计服务；撮合交易环节，缺乏经纪人提供撮合与代理服务；交易清结算环节，缺乏仲裁服务商提供争议解决服务等。

综上，基于"动机—能力"的分析框架，发现数据要素市场面临参与者意愿不足、能力不足、规模不足的困境。作为一个弱商业化的环境，数据要素市场处于失灵状态，并不会自发地良性演化，需要政策对市场的扶持以及对参与者的培育。第 6.4 节将介绍数据生态的演化与培育议题。

6.3 数据要素市场的宏观架构

培育数据要素市场是中国经济高质量发展的必然要求。"数据二十条"坚持以促进数据要素合规高效流通使用，赋能实体经济为主线，推动合规高效、场内外结合的数据流通和交易制度的建设。具体地，建议统筹构建规范高效的交易场所，优化数据交易机构的规划布局，促进地区性数据交易所、行业性交易平台与国家级数据交易所互联互通。2023 年 3 月，《党和国家机构改革方案》发布，宣布组建国家数据局，负责统筹协调推进数据基础制度建设，数据资源整合共享、开发利用等职能。至此，中国初步形成"1+N"的制度体系，以及"$M+N$"、场内场外结合的流通体系。

6.3.1 制度体系

中国的数据要素制度体系可概括为"1+N"，其中"数据二十条"是这个体系中的"1"。"数据二十条"是中国数据要素市场建设的顶层设计，提出了数据产权、数据流通交易、数据收益分配、数据治理四项基础制度安排，初步形成中国数据流通生态的"四梁八柱"。"数据二十条"形成于统一大市场的建设背景下，是建设统一的数据要素大市场、推动数据经济发展的基石（徐凤敏、王柯蕴，2023）。在"数据二十条"的方向指引下，需要若干个国家和地方的政策、标准、准则出台，提出数据在资源化、资产化、资本化路径上的解决方案。

在这"N"个政策方案中，财政部会计司针对数据资产入表问题做了先锋探索。2023年8月，《企业数据资源相关会计处理暂行规定》发布并于2024年1月1日施行，就企业数据资产会计的适用准则、确认方法、计量方式、信息披露等议题做出规划。此外，在流通环节亟待发布围绕数据交易全生命周期的指引或规则，以及交易场所的管理办法。例如，在交易前可根据数据的分类分级管理规定，设立数据登记标准，保护数据采集者与处理者的合法权益；完善数据交易相关主体及数据标的合规性审查和审计办法；建立合理的数据价格发现机制。在交易中借助密码学、不可更改数据库（即区块链）等新型技术完成备案固证，保证数据产品安全传输。在交易后合理划定数据使用年限和使用场景，缓解数据滥用、非法转卖等现象，建立标的交付、交易清结算等制度规范。[①]

6.3.2 流通体系

数据要素市场按照流通的标的物可分为"一级市场""二级市场"和"三级市场"。其中，一级市场是指数据资源和资产市场。通过数据登记，数据资源得到权属的确认，从而获得了权属许可和转让的资质。数据的一级市场上登记和流转的是数据的财产权利，包括数据资源持有权、数据加工使用权和数据产品经营权等（于施洋等，2023）。二级市场是指数据流通市场，供方依据场景化的需求，对数据资源进行加工处理后以数据产品或服务的形式出售给需方。较之于一级市场，二级市场中数据的形态更为多元，生产者的能动性更高。中国信息通信研究院提出了数据"三级市场"

---

① 汤珂，《统筹构建规范高效数据交易场所，促进数据要素充分有序流通》，国家发改委高技术司，2022年12月21日。地址：https://www.ndrc.gov.cn/xxgk/jd/jd/202212/t20221220_1343702.html。

的构想,认为第三级市场指的是数据衍生品市场,是基于数据要素的算法、模型、分析服务等多样化应用的流通场所,也即数据价值的交易。[①] 陆志鹏(2023)认为,数据要素的第三级市场,是介于数据资源市场和数据产品市场之间的数据元件市场。这是基于平台流通模式可持续性的考虑:低描述复杂性、低资产专用性、高交易频率的产品适合在交易平台上大规模流通(黄丽华等,2022),而具有标准化属性的数据元件符合平台交易的模式。构建高效协同的场内外流通体系,要兼顾多级市场的发展要求,顺应数据价值释放规律。

构建场内外协同的流通体系,应遵循"培育壮大场内市场、规范引导场外市场"的总体思路。场内市场建设方面,目前北京、上海、深圳、广州、贵阳、杭州、海南等地已经设立具有一定交易规模的地方性数据交易所。在经济水平高、发展理念先进、示范作用强的地区率先设置试点建立国家级数据交易所(于施洋等,2023)。同时,考虑到数据要素异质性强、标准化程度低、权属复杂的特点,建议合理布局地区性的数据交易机构,在数据资源丰富、治理能力强的城市设立地方数据交易所,负责区域内多级市场中的一般规模的数据交易。此外,鼓励各行业自发组织探索行业数据交易机构,推动数据要素与行业内的应用场景深度融合。综上所述,由若干个国家级数据交易所作为枢纽,结合多家地方数据交易所和行业数据交易机构,形成了"$M+N$"的场内市场体系。

场外市场建设方面,"数据经纪人"的流通模式正在试点探索中。数据经纪人是独立于交易平台的交易中介商,既是链接场内市场交易的第三方服务商,也是场外流通的主要参与者。数据经纪人模式起源于美国,其市场角色被联邦贸易委员会定义为"从各种来源收集信息并且转卖给目标客

---

① 资料来源:中国信息通信研究院,《数据要素白皮书(2022年)》,2023年1月。

户的实体"。① 刘金钊和汪寿阳（2022）将美国的数据经纪模式总结为C2B分销、B2B集中销售和B2B2C分销集销三种。C2B模式是指数据经纪人收集个人信息，汇集后进行转售；B2B模式是指数据经纪人以中间商或做市商的方式撮合交易或转售企业数据；B2B2C模式的业务范围最广，数据经纪人一端联系自然人，另一端联系企业，形成数据的价值网络。数据经纪人模式的优点在于业务模式灵活，容易诞生新的数据应用场景。但这一模式的缺点也是显而易见的：数据经纪人掌握了信息权力，对隐私和数据安全构成危害。因此，需要设立以数据经纪人为典型的场外市场的监管体系，以"保护隐私、增强信任、鼓励流通、控制风险"为基本目标，在数据交易的"入口"和"出口"开展合规审计、隐私保护、权属抽查、留痕溯源等工作（杨铿等，2023）。目前，广州海珠区作为数据经纪人试点，设立数据经纪人的遴选标准，发布数据经纪产品目录，提出面向数据经纪人的监管要求，场外市场的建设工作已经取得一定成效。

6.4 数据生态

市场、科层与生态系统已成为现代商业思想的三个支柱（Moore，2006）。在市场的分析框架下，针对数据要素流通的分析局限在买方、卖方和中介三类。如果运用商业生态系统理论解析数据要素市场，将能够获得一个更加动态、宏观的视角。在这里将数据要素市场视作一个尚处于萌芽期的商业生态系统（李金璞、汤珂，2023）。由此，数据生态指以数据为关键生产要素、由组织及个体相互作用构成的经济联合体，包含主要生产者、消费者、竞争者、监管者、其他风险承担者等。商业生态系统中的关键物

---

① 资料来源：Federal Trade Commission. *Protecting consumer privacy in an era of rapid change: recommendations for businesses and policymakers*. https://www.ftc.gov/reports/protecting-consumer-privacy-era-rapid-change-recommendationsbusinesses-policymakers。

种是主要生产者，只有主要生产者提供了必要的供给品，生态系统才具备持续演化的可能。在数据生态中，主要生产者是位于数据要素市场供给侧的数据要素型企业。处于萌芽阶段的数据要素市场，因为数据要素型企业的匮乏，并没有能自发实现良性演化，2014至2017年中国数据要素市场第一阶段自发探索的失败结果提供了例证。这一节将借鉴创新生态系统理论，讨论数据生态的培育问题。

6.4.1 创新生态与数据流通

创新生态系统理论的源头可追溯到Porter（1980；1985）的比较战略优势理论。Teece（1997）创立了"动态能力"方法论，将动态能力定义为企业适应、整合与配置内部及外部资源、工艺、竞争力等以形成新的比较优势，从而适应动态的市场环境的能力。Moore（1993）系统地论述了"商业生态系统"概念，将其定义为"基于组织互动的联合体"。Iansiti和Levin（2004）在此基础上提出了"生态位"概念，指出创新生态系统是参与者间的一种协同机制，由功能各异但相互关联的生态位的企业构成，其中一个生态位出现变动，将对其他生态位造成影响。创新生态系统中单个企业的价值创造能力受到提供互补性产品或服务的组织的影响（Kapoor and Lee，2013）。整体来看，创新生态系统的价值创造体现为便利生态成员的创新过程，并为创新集聚创造价值溢出（Van der Borgh et al.，2012）。

创新生态系统的关键特征是共生演化（梅亮等，2014）。数据生态通过不断优化功能与结构，由低层次稳态向高层次稳态演进（丁波涛，2022）。这种共生共演不仅表现为数据要素市场参与者的协同关系，还体现为数据要素的交易生态与信息通信技术（ICT）、互联网等成熟的商业生态系统间的互联互通。在数据要素的交易生态出现以前，ICT与互联网生态在演化过程中对数据要素的规模和质量的要求日渐增加，最终形成了对数据要素交易生态的需求。因此，数据要素的交易生态是数据经济形态中基于数字技术的成熟生态衍生出的新型生态系统。图 6.6 展示了数据要素流通与成熟商业生态系统间的联系。

数据要素的流通与 ICT 生态、互联网生态构成互联互通、交互融汇的关系。以云计算、数据库、软件开发等技术为代表的 ICT 生态与以平台商业模式、用户创造、共享经济、数智服务等为特质的互联网生态产生软硬件的交互，形成对数据资源、产品及服务的流通需求。在此基础上，数据要素交易生态萌芽，数据要素型企业、数据驱动型企业、数据交易服务机构等出现。ICT 生态为数据流通提供基础设施（例如 IaaS 层）和算法技术（如联邦学习）支持，同时数据要素交易生态借助数据流通收益分配等形式反哺 ICT 生态中的服务商。互联网生态的开放共享模式，能够为数据流通提供人力资本和应用场景；另一方面，数据流通会加速互联网生态形态的转换，从 Web2.0 向 Web3.0 迈进。数据要素交易、ICT、互联网这三个生态圈交融的核心是数据要素，生态圈间的相互作用，以及生态内部组织的竞合关系，共同组成了庞大的数据生态。

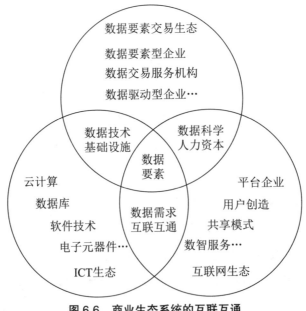

图 6.6　商业生态系统的互联互通

资料来源：李金璞和汤珂（2023）

数据要素市场及其参与者的培育问题，应置于生态互联的视角下考察，通过成熟的商业生态系统给养数据流通这一尚处于初级阶段的生态，为数据交易寻找和创设场景，提升市场参与者的技术能力与市场能力，从而推动数据要素交易生态的良性演化。

6.4.2 数据生态的培育思路

培育数据生态，首先要扶植壮大生态系统中的主要生产者，做大做强数据要素型企业。数据产品研发的过程属于科技创新，在研发阶段面临时间长、不确定性高、应用场景模糊等问题。数据资源的要素化并非简单的数据归集整理，数据价值链技术密集、价值共创的特性决定了数据要素型企业的成长路径与传统制造业企业相区别。针对数据资源与技术的错配现象，需要政策推动资源富集企业与技术密集企业建立生态伙伴关系，在网络空间中形成数字产业集群。同时，垂直整合数据价值链，提升数据要素型企业在数据汇集、商业模式等方面的灵活度，建立比较优势。此外，持续推进数据资产化，推动数据资产入表，保护数据要素型企业的自主知识产权，可借鉴软件著作权、软件产品的登记办法，设置数据资产的登记管理方案。

在市场供给侧，完善公共数据的开放共享机制是缓解数据要素有效供给不足的有益举措。公共数据具有规模大、范围广、成本低的特点，是优质的数据源。"十四五"规划中明确指出，设立政府数据授权运营的试点，鼓励第三方深化对于公共数据的挖掘利用。"数据二十条"建议"推进实施公共数据确权授权机制"，开展公共数据的授权运营。公共数据授权运营是指在合法范围内由公共部门指定实体授予其权利对公共数据进行加工经营等产生增值服务的一种利用模式，同时具备商业化和公益化的特征。公共数据一般采用成本加成定价模式，其主要目的是增加数据供给的丰富性，满足异质性的市场需求。公共数据授权运营主要有以下三种模式：政府直接授权数据使用单位；政府部门通过下属事业单位开设市场服务；政府委托央企国企进行市场化经营（于施洋等，2023）。

合规性认定是鼓励数据场内交易的制度保障。数据要素的流通具有安全脆弱性，对市场主体的经营资质给予许可，对交易产品进行合规认定，肯定数据可信流通的商业模式，将有助于应对数据要素市场高风险、低信任的问题。同时，本着培育壮大场内市场的思路，给予交易所更高级别的合规认定水平，为场内市场建立比较优势。此外，构建数据流通全过程的监管存放体系，注重防范交易市场的多维风险，充分运用技术方法和行政手段，形成面向场内及场外市场的政策工具箱。

最后，发挥有为政府对市场的调控作用，运用财政金融工具引导数据市场、数字产业的发展。参考高新技术产业的优惠政策，面向产业集聚中的龙头企业、样板公司设立税收优惠或减免，对具有独立自主知识产权、创新商业模式的初创企业施行研发费用的税前加计扣除政策等。同时引流社会资本投入数据要素交易生态，通过建立产业孵化器体系，为数据要素型企业、数据经纪商等提供投融资支持。

本章参考文献

Brynjolfsson, E., Hitt, L. M., & Kim, H. H. (2011). *Strength in Numbers: How Does Data-driven Decisionmaking Affect Firm Performance?*. Available at SSRN 1819486.

Cong, L. W., & Mayer, S. (2023). *Antitrust, Regulation, and User Union in the Era of Digital Platforms and Big Data* (No. w30881). National Bureau of Economic Research.

Cong, L. W., Xie, D., & Zhang, L. (2021). Knowledge Accumulation, Privacy, and Growth in a Data Economy[J]. *Management Science*, 67(10), 6480–6492.

Elsaify, M., & Hasan, S. (2020). *Some Data on the Market for Data*. Available at SSRN: https://ssrn.com/abstract=3568817.

Farboodi, M., & Veldkamp, L. (2021). *A Growth Model of the Data Economy* (No. w28427). National Bureau of Economic Research.

Farboodi, M., Singal, D., Veldkamp, L., & Venkateswaran, V. (2022). *Valuing financial data* (No. w29894). National Bureau of Economic Research.

Jones, C. I., & Tonetti, C. (2020). Nonrivalry and the Economics of Data[J]. *American Economic Review*, 110(9), 2819–2858.

Kapoor, R., & Lee, J. M. (2013). Coordinating and Competing in Ecosystems: How Organizational Forms Shape New Technology Investments[J]. *Strategic Management Journal*, 34(3), 274-296.

Moore, J. F. (1993). Predators and Prey: A New Ecology of Competition[J]. *Harvard Business Review*, 71(3), 75-86.

Moore, J. F. (2006). Business Ecosystems and the View from the Firm[J]. *The Antitrust Bulletin*, 51(1), 31–75.

Porter, M. E. (1980). *Competitive Strategy*[M]. New York: FreePress.

Porter, M. E. (1985). Technology and Competitive Advantage[J]. *Journal of Business Strategy*, 5(3), 60–78.

Teece, D. J., Pisano, G., &Shuen, A. (1997). Dynamic Capabilities and Strategic Management[J]. *Strategic Management Journal*, 18(7), 509–533.

Van der Borgh, M., Cloodt, M., & Romme, A. G. L. (2012). Value Creation by Knowledge - based Ecosystems: Evidence from a Field Study[J]. *R&D Management*, 42(2), 150-169.

蔡继明、刘媛、高宏、陈臣 . 2022. 数据要素参与价值创造的途径——基于广义价值论的一般均衡分析 [J]. 管理世界, 第 7 期: 108–121 页 .

蔡跃洲、马文君 . 2021. 数据要素对高质量发展影响与数据流动制约 [J]. 数量经济技术经济研究, 第 3 期: 64–83 页 .

陈昌盛、许伟 . 2022. 数字宏观: 数字时代的宏观经济管理变革 [M]. 北京: 中信出版社 .

丁晓东 . 2022. 数据交易如何破局——数据要素市场中的阿罗信息悖论与法律应对 [J]. 东方法学, 第 2 期: 144–158 页 .

丁波涛 . 2022. 基于信息生态理论的数据要素市场研究 [J]. 情报理论与实践, 第 12 期: 36–59 页 .

高富平、冉高苒 . 2022. 数据要素市场形成论——一种数据要素治理的机制框架 [J]. 上海经济研究, 第 9 期: 70–86 页 .

龚强、班铭媛、刘冲 . 2022. 数据交易之悖论与突破: 不完全契约视角 [J]. 经济研究, 第 7 期: 172–188 页 .

黄丽华、窦一凡、郭梦珂、汤奇峰、李根 . 2022. 数据流通市场中数据产品的特性及其交易模式 [J]. 大数据, 第 3 期: 3–14 页 .

黄朝椿 . 2022. 论基于供给侧的数据要素市场建设 [J]. 中国科学院院刊, 第 10 期: 1402–1409 页 .

李金璞、汤珂 . 2023. 论数据要素市场参与者的培育 [J]. 西安交通大学学报(社会科学版), 第 4 期: 79–90 页 .

刘金钊、汪寿阳 . 2022. 数据要素市场化配置的困境与对策探究 [J]. 中国科学院院刊, 第

10 期：1435–1443 页.

刘涛雄、李若菲、戎珂. 2023. 基于生成场景的数据确权理论与分级授权 [J]. 管理世界，第 2 期：22–39 页.

陆志鹏. 2022. 数据要素三级市场经济性分析模型研究 [J]. 大数据，第 4 期：85–93 页.

梅宏. 2022. 数据如何要素化：资源化、资产化、资本化 [J]. 施工企业管理，第 12 期：42 页.

梅亮、陈劲、刘洋. 2014. 创新生态系统：源起、知识演进和理论框架 [J]. 科学学研究，第 12 期：1771–1780.

戚聿东、肖旭. 2020. 数字经济时代的企业管理变革 [J]. 管理世界，第 6 期：135–152 页.

汤珂. 2023. 数据资产化 [M]. 北京：人民出版社.

汤珂、王锦霄. 2022. 数据要素交易的难点与解决之道 [J]. 清华社会科学，第 1 期：135–151 页.

徐凤敏、王柯蕴. 2023. 建设统一数据要素大市场的科学内涵、内在逻辑与政策建议 [J]. 西安交通大学学报（社会科学版），第 2 期：95–106 页.

杨铿、汤珂、张丰羽、黄津. 2023. 数据经纪人的创新实践与监管探索——以广州市海珠区为例 [J]. 工程管理科技前沿，第 2 期：51–58 页.

杨竺松、黄京磊、鲜逸峰. 2023. 数据价值链中的不完全契约与数据确权 [J]. 社会科学研究，第 1 期：85–93 页.

于施洋、王建冬、黄倩倩. 2023. 论数据要素市场 [M]. 北京：人民出版社.

第三部分
数据安全与数据治理

第 7 章　数 据 安 全

在当今数据经济时代，数据安全变得至关重要。数据安全，即保护数据免受未经授权的访问、使用、泄露、破坏或篡改。数据安全的保障既需要技术支撑，也需要制度支持。随着数字化和网络化的快速发展，大量的数据被产生、传输和存储，涉及个人隐私、商业机密、国家安全等重要信息。保护个人隐私，维护商业机密、社会稳定和国家安全是数据安全体系建设的主要目标。个人隐私包括个人身份信息、健康记录、财务信息等敏感数据。这些数据一旦被非法获取，可能导致个人身份被盗用、金融欺诈、个人形象受损等问题。例如，银行账户密码被黑客窃取，就会造成个人财产损失。同时，在商业活动中，公司的商业机密包括产品设计、市场策略、客户数据库等重要信息。如果这些机密数据泄露，将导致公司竞争力下降，利益受损。例如，一家竞争对手窃取了某公司的产品设计方案，将会在市场上推出类似产品，给原公司造成巨大损失。因此，保护商业机密是数据安全的重要任务。

此外，数据安全也关乎社会稳定。现代社会的许多基础设施和关键系统，如电力、交通、通信等，都依赖于数据的正常运行。如果这些关键系统遭到黑客攻击或数据泄露，将导致社会秩序混乱，造成严重的社会经济损失。例如，某国的电力系统被黑客攻击，导致大面积停电，将影响居民生活和工业生产，甚至引发社会动荡。因此，保护社会稳定也是数据安全的重要目标。在数据经济时代，数据安全是国家安全的重要内容。政府机构和军事部门的敏感信息，如国防计划、军事部署、情报信息等，一旦被敌对势力获取，将对国家安全构成严重威胁。例如，某国的军事计划被敌对势力窃取，敌对势力将会提前做好应对准备，削弱了该国的战略优势。因此，保护国家安全是数据安全的重要责任。

可以说，数据安全的重要性体现在保护个人隐私、维护商业机密、维护国家安全和维护社会稳定等多个方面。数据安全不仅是个人、企业和政府的共同责任，也需要全社会的共同努力。只有加强数据安全意识，采取有效的措施和技术，才能保护好数据，确保信息社会的可持续发展。

7.1 数据安全技术

主流的数据安全技术包括数据加密技术、数据访问控制技术、身份认证技术、数据备份与恢复技术、数据安全审计技术以及数据遮蔽技术等。

7.1.1 数据加密技术

数据加密技术是通过对数据进行加密转换，使得未经授权的人无法读取和理解加密后的数据，从而保护数据的安全性和机密性。加密技术使用密钥和算法来执行加密和解密操作。密钥是一个参数，用于指定加密和解密的规则，而算法是一组数学运算，用于执行实际的加密和解密操作。

常用的数据加密算法类型包括对称加密算法和非对称加密算法，二者的主要区别在于进行加密和解密操作的密钥是否相同。对称加密算法使用相同的密钥进行加密和解密操作。对称加密算法的优点是加密和解密速度快，适合对大量数据进行加密。然而，密钥的管理和分发较为困难，需要确保密钥的安全性，否则可能导致数据泄露。常见的对称加密算法有DES（数据加密标准，data encryption standard）、AES（高级加密标准，

advanced encryption standard）和 RC4（Rivest Cipher 4）等。DES 使用 56 位密钥对 64 位的数据块进行加密和解密。DES 算法的优点是速度较快，适合对大量数据进行加密。但由于密钥长度较短，容易受到暴力破解攻击。AES 使用 128 位、192 位或 256 位密钥对 128 位的数据块进行加密和解密。AES 算法的优点是安全性较高，适用于大多数应用场景。它的缺点是相对于 DES 算法，速度较慢。RC4 使用变长的密钥对数据进行加密和解密。RC4 算法的优点是简单和快速，但由于存在一些安全漏洞，如密钥相关性问题，已经不再推荐使用。

非对称加密算法使用一对密钥，即公钥和私钥，进行加密和解密操作。公钥是公开的，用于加密数据，而私钥是保密的，用于解密数据。非对称加密算法的优点是密钥的管理和分发相对较简单，安全性较高。然而，由于其加密和解密的计算量较大，速度较慢，不适合对大量数据进行加密。

常见的非对称加密算法有 RSA（Rivest-Shamir-Adleman）和 ECC（椭圆曲线密码学，elliptic curve cryptography）等。RSA 算法的优点是安全性较高，能够保证数据的机密性和完整性，缺点是速度较慢，不适合对大量数据进行加密。ECC 是一种基于椭圆曲线数学问题的非对称加密算法，它使用更短的密钥长度，提供与 RSA 相同的安全性。ECC 算法的优点是速度较快，适合在资源受限的环境中使用。

总的来看，对称加密算法具有较快的加密和解密速度，但密钥的管理和分发较为困难。非对称加密算法具有较高的安全性，但加密和解密速度较慢。在实际应用中，通常会综合使用对称加密算法和非对称加密算法，以实现取长补短。

7.1.2 数据访问控制技术

数据访问控制技术是用于限制和控制对数据的访问权限的一种技术手段。它通过身份验证、权限管理和审计等方法，确保只有经过授权的用户才能访问和操作数据，从而保护数据的机密性和完整性。

常用的数据访问控制技术类型包括访问控制列表（ACL）、基于角色的访问控制（RBAC）、基于属性的访问控制（ABAC）和强制访问控制（MAC）等。ACL是一种基于用户或用户组的访问控制方式。它定义了每个用户或用户组对数据的访问权限。通过在数据上设置ACL，可以控制哪些用户或用户组可以读取、写入或执行数据。ACL的优点是简单易用，适用于小规模的系统。然而，当用户和权限较多时，管理和维护ACL可能变得复杂和困难。RBAC是一种基于角色的访问控制方式。它将用户分配到不同的角色，并给予角色不同的权限。通过角色的管理和分配，可以简化用户权限的管理和维护。RBAC的优点是可扩展性强，适用于大规模的系统。然而，RBAC可能存在权限过度授予或不足授予的问题，需要仔细设计和管理角色和权限的分配。ABAC是一种基于属性的访问控制方式。它根据用户的属性和环境条件来决定对数据的访问权限。ABAC使用一组规则和策略来评估用户的属性和环境条件，并根据评估结果控制数据的访问。ABAC的优点是灵活性强，可以根据具体的需求和场景进行定制。然而，ABAC的实施和管理可能较为复杂，需要定义和维护大量的规则和策略。MAC是一种基于安全级别和标签的访问控制方式。它使用标签对数据和用户进行分类，并根据安全级别的规则控制数据的访问。MAC的优点是安全性强，能够确保数据的保密性和完整性。然而，MAC的实施和管理较为复杂，需要对数据和用户进行标记和分类，并定义安全级别的规则。

总结来说，ACL是一种简单易用的访问控制方式，适用于小规模的系统；RBAC是一种扩展性强的访问控制方式，适用于大规模的系统；ABAC是一种灵活性强的访问控制方式，适用于定制化的需求；MAC是一种安全性强的访问控制方式，适用于对数据保密性要求较高的系统。在实际应用中，通常会根据具体的需求和场景，选择合适的访问控制技术实施。

7.1.3 身份认证技术

身份认证技术用于验证用户的身份是否合法。它通过用户提供的凭证（如用户名和密码）或者生物特征（如指纹、声音等）来验证用户的身份。常见的身份认证技术有单因素认证和多因素认证。单因素认证只需要用户提供一个凭证来验证身份，如用户名和密码。多因素认证需要用户提供多个凭证来验证身份，如用户名、密码和指纹。

单因素认证是指用户只需提供一个凭证来验证身份。常见的单因素认证方式有密码认证、令牌认证、生物特征认证等。密码认证，即用户提供一个密码作为凭证，系统通过验证密码的正确性来确认用户身份。密码认证的优点是简单易用，缺点是容易受到密码泄露和猜测攻击。令牌认证是指用户持有一个物理或虚拟的令牌设备，通过输入令牌上显示的动态验证码来验证身份。令牌认证的优点是相对较安全，但需要用户携带令牌设备。生物特征认证，顾名思义，即用户通过生物特征识别技术，如指纹、虹膜、声纹等，验证身份。生物特征认证的优点是无须记忆和携带额外设备，缺点是设备成本较高且生物特征可能被伪造。

多因素认证是指用户需要提供多个凭证来验证身份，即用户需要提供多种不同类型的凭证，如密码、指纹和声纹等。多因素认证的优点是安全性更高，缺点是可能增加用户的认证负担和复杂度。

身份认证技术的优点是能够确保系统只有经过授权的用户才能访问和操作数据，提高系统的安全性。然而，不同的身份认证技术也存在安全性、用户体验、成本和复杂性等方面的缺点和挑战。某些身份认证技术可能存在安全漏洞，如密码泄露、生物特征伪造等。因此，选择合适的身份认证技术非常重要。同时，一些身份认证技术可能对用户来说不够便捷，如需要携带额外的设备或进行复杂的认证流程。在平衡安全性和用户体验方面需要权衡利弊。此外，某些身份认证技术可能需要较高的设备成本和系统部署成本,以及复杂的管理和维护工作。综上所述,选择适合的身份认证技术需要考虑安全性、用户体验、成本和复杂性等因素,以满足实际需求和平衡各方面的利弊。

7.1.4 数据备份与恢复技术

数据备份与恢复技术用于保护数据免受意外损坏或丢失。它通过定期备份数据,并在数据丢失或损坏时恢复数据,确保数据的完整性和可用性。

常用的数据备份与恢复技术类型包括全量备份、增量备份和差异备份。全量备份是指将整个数据集完整地备份到备份存储介质中。在进行全量备份时,所有数据都被复制并存储,无论数据是否已备份过。全量备份的优点是恢复速度快,恢复时只需使用最新的全量备份即可。然而,全量备份需要较大的存储空间和较长的备份时间。增量备份是指只备份自上次备份以来发生变化的数据。在进行增量备份时,只有新增或修改的数据会被复制并存储。增量备份的优点是占用较少的存储空间和备份时间,但恢复时需要先恢复最新的全量备份,然后逐个应用增量备份来恢复数据。差异备份则是指只备份自上次全量备份以来发生变化的数据。在进行差异备份时,只有与上次全量备份之间的差异数据会被复制并存储。差异备份的优点是备份时间相对较短,恢复时只需恢复最新的全量备份和差异备份即可。然而,随着时间的推移,差异备份可能会变得越来越大,需要更多的存储空间。

数据备份与恢复技术的优点是能够保护数据免受意外损坏或丢失,确保数据的完整性和可用性。然而,也存在存储需求、备份和恢复时间等方面的缺点和不足。首先,备份数据需要占用一定的存储空间,特别是全量备份和差异备份可能需要更大的存储空间。其次,全量备份和差异备份可能需要较长的时间来完成备份操作,可能会对系统性能产生影响。同时,在数据恢复时，需要按照备份的顺序逐个恢复备份，恢复时间可能较长。实际上，为了有效利用存储空间和提高备份与恢复效率，通常会采用不同的备份策略，如定期全量备份结合增量备份，或者定期全量备份结合差异备份。此外，还需要定期测试备份数据的可恢复性，以确保备份的有效性。

7.1.5 数据安全审计技术

数据安全审计技术用于监控和记录数据系统中的安全事件，如数据访问、修改、传输和操作等，以便追踪和分析安全事件，并确保数据的安全性、合规性和可追溯性。常见的安全审计技术包括日志管理、事件管理和行为分析等。

常用的数据安全审计技术类型包括日志审计、行为分析和完整性监测。日志审计是指对系统和应用程序生成的日志进行收集、存储和分析。通过监控和分析日志，可以了解用户的访问行为、系统的运行状态和安全事件等。日志审计的优点是能够提供全面的数据访问和操作的记录，便于后续的审计和调查。然而，日志审计可能会产生大量的日志数据，需要进行有效的管理和分析。行为分析是指通过对用户的行为模式和活动进行分析，识别异常和可疑的行为。行为分析技术使用机器学习和统计分析等方法，建立用户的行为模型，并与实际行为进行比较，发现异常行为。行为分析的优点是能够及时发现潜在的安全威胁和异常行为，提高安全防御的效果。然而，行为分析技术需要建立和维护准确的行为模型，并避免误报和漏报的问题。完整性监测是指对数据的完整性进行监测和验证。通过对数据的哈希值或数字签名进行计算和比对，可以检测数据是否被篡改或修改。完整性监测的优点是能够及时发现数据的篡改或修改，并保证数据的完整性。然而，完整性监测技术需要对数据进行额外的计算和存储，可能会增加系统的负担。

数据安全审计技术的优点是能够监控和审查数据的访问和操作，提高数据的安全性和合规性。然而，其在数据存储、行为监测、隐私保护等方面也存在一些不足。数据安全审计不可避免地产生大量的日志和监测数据，需要进行有效的存储、管理和分析，而这可能会引致巨大成本。同时，行为分析技术可能会出现误报和漏报的问题，建立和优化行为模型需要花费大量人力财力成本。数据安全审计涉及对用户和数据的监控和记录，需要确保合适的隐私保护措施。为了有效利用数据安全审计技术，需要综合考虑数据的安全性需求、合规性要求和系统性能等因素，选择合适的技术和策略实施。

7.1.6 数据遮蔽技术

数据遮蔽技术用于保护敏感数据的隐私和机密性。它通过对敏感数据进行脱敏处理，如进行变换、替换或隐藏，使得在非授权的环境下，无法还原出原始的敏感信息。常见的数据遮蔽技术有数据加密、数据脱敏和数据匿名化等。数据加密技术在前文中已有介绍，在此不做赘述。

数据脱敏是指对敏感数据进行变换或替换，以消除或减少敏感信息的泄露风险。数据脱敏的优点是能够保护敏感数据的隐私，减少泄露风险。然而，数据脱敏可能会导致数据的可用性降低，因为脱敏后的数据无法还原为原始数据。

常见的数据脱敏方法包括随机化、规则性变换或替换以及一致性哈希等。随机化，即将敏感数据替换为随机生成的数据，使原始数据无法还原。规则性变换，即根据规则对敏感数据进行变换或替换，如使用掩码、模糊化或替代值等。一致性哈希则使用哈希函数将敏感数据映射到一个固定范围的值，保持数据的一致性但无法还原原始数据。

数据匿名化是指对敏感数据中的个人身份信息进行删除或替换，以保护个人隐私。数据匿名化的优点是能够保护个人隐私，减少敏感信息的泄露风险。然而，数据匿名化可能会导致数据的可用性降低，因为匿名化后的数据可能无法再进行个体分析。

常见的数据匿名化方法包括删除、泛化等。删除,即直接删除或替换敏感数据中的个人身份信息,使数据无法与特定个体相关联。泛化则指将敏感数据中的个人身份信息进行模糊化或泛化,如将年龄范围化、地理位置粗化等。此外,脱敏和加密的组合也能够实现数据匿名化。

不难发现,数据遮蔽技术能够保护敏感数据的隐私和安全,但也会对数据的可用性产生一定影响。在实际应用中,需要根据具体需求和合规要求,选择合适的数据遮蔽技术进行实施。

7.1.7 数据防火墙技术

防火墙技术用于监控和控制网络流量,防止未经授权的访问和攻击。防火墙可以根据预先设定的规则对网络流量进行过滤和筛选,数据防火墙技术是一种用于保护数据网络的安全的技术手段。它通过监控和控制数据流量,检测和阻止潜在的安全威胁,以保护数据的机密性、完整性和可用性。

常用的数据防火墙技术类型包括包过滤防火墙、状态检测防火墙和应用层网关。包过滤防火墙是最基本的防火墙技术,根据预先设定的规则对数据包进行过滤和控制。它通过检查数据包的源 IP 地址、目标 IP 地址、端口号等信息,决定是否允许通过防火墙。包过滤防火墙的优点是简单、高效,对网络性能影响较小。然而,它只能基于网络层和传输层信息进行过滤,无法深入检查应用层协议和内容。状态检测防火墙是在包过滤防火墙基础上增加了对连接状态的检测和控制。它能够跟踪网络连接的状态,对合法的连接进行记录和管理,防止恶意连接和攻击。状态检测防火墙的优点是能够检测和阻止一些针对连接的攻击,提高防火墙的安全性。然而,状态检测防火墙需要维护连接状态表,对系统资源有一定的要求。应用层网关是一种位于网络边界的防火墙,能够深入检查应用层协议和内容。它能够根据协议特征和内容规则,对数据进行过滤、验证和修正。应用层网关的优点是能够提供更精细的安全控制和检测,防止应用层攻击和数据泄露。然而,应用层网关的实施和管理较为复杂,对系统性能有一定的影响。

数据防火墙技术的优点是能够保护数据网络的安全,防止未经授权的访问和攻击。然而,其在配置和管理、误报和漏报等方面存在着一些缺点,需要定期维护。一方面,防火墙的配置和管理需要专业知识和经验,需要定期更新和维护规则;另一方面,防火墙可能会出现误报和漏报的问题,需要进行规则优化和异常检测。同时,防火墙对网络性能有一定的影响,需要根据实际需求进行权衡和优化。

7.2 数据安全制度

识别重要数据和敏感数据是国家主管部门和企业进行数据安全管理工作的必要前提,也是合理分配监管力度的重要基础。根据种类和级别对数据采取有针对性的安全保护策略将促成数据安全保护制度的落地,也有利于降低监管的执行成本、提高监管的总体效率。可以说,数据分类分级管理是平衡数据安全与数据价值开发的有效管理模式。下面,本小节将从国家整体立法,以及地方政府、部门规章、行业应用等细分设计两个层面说明我国数据安全制度建设的基本现状。

7.2.1 数据安全法律法规体系

从国家立法层面上看,我国基本形成了以《中华人民共和国网络安全法》(以下简称《网络安全法》)为起点,以《中华人民共和国数据安全法》(以下简称《数据安全法》)、《中华人民共和国个人信息保护法》(以下简称《个人信息保护法》)、《中华人民共和国保守国家秘密法》(以下简称《保守国家秘密法》）为发展和补充的数据分类分级管理法律体系。这四部法律的章目构成如表7.1所示。从章目构成不难看出，我国的数据分类分级管理法律体系主要从两个方面对数据分类分级管理进行了约束和规范：其一，区分了一般数据、重要数据[①]（敏感数据）和国家秘密，并针对这三类数据进行了分级保护；其二，将跨境作为数据使用的特殊场景，强调并设计了数据的跨境提供和使用规则。

我国的数据分类分级管理法律体系建设以2017年《网络安全法》为起点。《网络安全法》第二十一条规定："国家实行网络安全等级保护制度。网络运营者应当按照网络安全等级保护制度的要求，履行下列安全保护义务，保障网络免受干扰、破坏或者未经授权的访问，防止网络数据泄露或者被窃取、篡改：……（四）采取数据分类、重要数据备份和加密等措施；……。"此后四年，国家层面并无涉及数据分类分级管理的相关法律出台。[②]2021年，《数据安全法》与《个人信息保护法》相继在全国人民代表大会常务委员会会议上审议通过，数据分类分级管理的法律体系才得到进一步补充和完善。

---

① 所谓重要数据，根据近期发布的《重要数据识别指南（征求意见稿）》，是指以电子方式存在的，一旦遭到篡改、破坏、泄露或者非法获取、非法利用，可能危害国家安全、公共利益的数据。重要数据通常与经济运行、人口及健康、自然资源及环境、科学技术、安全保护、应用服务、政务活动等相关。

② 在此四年中，尽管国家层面并无涉及数据分类分级管理的相关法律出台，但是部门规章层面、行业应用层面均出台了一些数据分类分级的标准及指南，详见后文。由此，《数据分类分级保护现状与综述》一文在总结我国数据分类分级管理的发展特点中指出，在《数据安全法》出台前后，我国数据分类分级管理经历了自下而上到自上而下的转变。参考自：https://mp.weixin.qq.com/s?__biz=MzUwOTkwNzEwNg==&mid=2247489672&idx=1&sn=b06d7da63b1f624f35851ff2f95957cd&chksm=f90a4145ce7dc853817d6a1222dd0d96e5cf61ea721e3a694f930cc49aee1f770f2e760e4752&mpshare=1&scene=24&srcid=1122gaGpHCWqBCCKBgbKUAP5&sharer_sharetime=1637556630828&sharer_shareid=405d3cd133647ca5c6ee941087a59ded#rd。

表7.1 中国数据分类分级管理法律体系的章目构成[1]

章 目	《网络安全法》	《数据安全法》	《个人信息保护法》	《保守国家秘密法》
第一章	总则	总则	总则	总则
第二章	网络安全支持与促进	数据安全与发展	个人信息处理规则 • **一般**规定 • **敏感**个人信息的处理规则 • 国家机关处理个人信息的特别规定	国家秘密的范围和**密级**
第三章	网络运行安全 • **一般**规定 • **关键**信息基础设施的运行安全	数据安全制度	个人信息**跨境**提供的规则	保密制度
第四章	网络信息安全	数据安全保护义务	个人在个人信息处理活动中的权利	监督管理
第五章	监测预警与应急处置	政务数据安全与开放	个人信息处理者的义务	法律责任
第六章	法律责任	法律责任	履行个人信息保护职责的部门	附则
第七章	附则	附则	法律责任	—
第八章	—	—	附则	

《数据安全法》第二十一条明确提出"国家建立数据分类分级保护制度，根据数据在经济社会发展中的重要程度，以及一旦遭到篡改、破坏、泄露或者非法获取、非法利用，对国家安全、公共利益或者个人、组织合法权益造成的危害程度，对数据实行分类分级保护"，并进一步要求各地区、各部门针对重要数据和国家核心数据制定相应目录以加强管理。此外，《数据安全法》第三十条对重要数据处理者也提出了进一步要求，"重要数据的处理者应当按照规定对其数据处理活动定期开展风险评估，并向有关

---

[1] 资料来源：笔者根据公开资料整理得到。

主管部门报送风险评估报告①"。

《个人信息保护法》将个人信息的处理规则分为一般信息处理规则和敏感信息②处理办法，第二十八条和第五十一条对个人信息处理者提出了应对个人信息试行分类管理的基本要求，并且"只有在具有特定的目的和充分的必要性，并采取严格保护措施的情形下，个人信息处理者方可处理敏感个人信息"。

就数据跨境这一特殊场景而言，《网络安全法》第 37 条最早规定了关键基础设施③运营者的个人信息和重要数据应当在境内存储，若因业务需要，出境则需进行安全评估。但是，此后并未进一步出台相关可操作性规范。④2021 年，《数据安全法》第 31 条以及《个人信息保护法》第 38、40、41 条分别从重要数据出境和个人信息出境两方面对我国的数据出境安全评估制度进行了完善。2022 年 7 月 7 日，国家互联网信息办公室公布《数据出境安全评估办法》。该办法对数据出境活动进行了规范，系对此前《网络

---

① 风险评估报告应当包括处理的重要数据的种类、数量，开展数据处理活动的情况，面临的数据安全风险及其应对措施等。

② 所谓敏感信息，根据《个人信息保护法》第二十八条，是指一旦泄露或者非法使用，容易导致自然人的人格尊严受到侵害或者人身、财产安全受到危害的个人信息，包括生物识别、宗教信仰、特定身份、医疗健康、金融账户、行踪轨迹等信息，以及不满十四周岁未成年人的个人信息。

③ 所谓关键基础设施，根据 2021 年 4 月 27 日国务院通过的《关键信息基础设施安全保护条例》，是指公共通信和信息服务、能源、交通、水利、金融、公共服务、电子政务、国防科技工业等重要行业和领域的，以及其他一旦遭到破坏、丧失功能或者数据泄露，可能严重危害国家安全、国计民生、公共利益的重要网络设施、信息系统等。

④ 近期已出台相关可操作性规范。2021 年 10 月 29 日，国家互联网信息办公室发布《数据出境安全评估办法（征求意见稿）》，该办法对数据安全评估进行了系统性规定，提出数据出境安全评估应当坚持事前评估和持续监督相结合、风险自评估与安全评估相结合。其中第四条指出"数据处理者向境外提供数据，符合以下情形之一的，应当通过所在地省级网信部门向国家网信部门申报数据出境安全评估：（一）关键信息基础设施的运营者收集和产生的个人信息和重要数据；（二）出境数据中包含重要数据；（三）处理个人信息达到一百万人的个人信息处理者向境外提供个人信息；（四）累计向境外提供超过十万人以上个人信息或者一万人以上敏感个人信息；（五）国家网信部门规定的其他需要申报数据出境安全评估的情形。"

安全法》《数据安全法》和《个人信息保护法》中数据出境有关规定的进一步补充，有利于促进数据跨境安全、自由流动，有利于维护个人合法权益、社会公共利益和国家安全。该办法从数据处理者性质、数据性质与规模两个角度规定了数据处理者向境外提供数据需申报数据出境安全评估的 4 种情形：数据处理者为关键信息基础设施运营者且处理 100 万人以上个人信息；自上年 1 月 1 日起累计向境外提供 10 万人个人信息或者 1 万人敏感个人信息；数据为重要数据；国家网信部门规定的其他需要申报数据出境安全评估的情形。

需要注意的是，在《数据安全法》《个人信息保护法》等法律的附则中还特别提到"开展涉及国家秘密的数据处理活动，适用《中华人民共和国保守国家秘密法》等法律、行政法规的规定"。《保守国家秘密法》可以说是我国较为早期的分类分级管理的法律实践，其第十条规定"国家秘密的密级分为绝密、机密、秘密三级"。

7.2.2 数据分类分级管理

地方政府层面，目前至少已有贵州省、重庆市、湖北省、上海市、浙江省、河北省、北京市等七个省市出台了数据分类分级管理的相关指南及规范。其中，贵州省于 2016 年即出台了《政府数据 数据分类分级指南》，其余六个省市则均于 2021 年才出台相关指南及规范。各省市的指南或规范主要面向政务数据和公共数据的分类分级管理，其分类分级原则、分类方法、分级标准、参考标准等基本类似，一般均将数据级别划分为 4 级，如表 7.2 所示。下面，本小节将介绍根据这些指南或规范抽象、总结出的数据分类分级管理的一般设计模式，并简要说明各省市在一般设计模式基础上的创新之处。

地方政府公共数据分类分级管理面向对象为公共数据。对公共数据的分类应当满足以下原则：

表 7.2 地方政府数据分类分级管理指南或规范的对比[1]

项 目	贵州省	上海市	湖北省	重庆市	浙江省	北京市	河北省
面向对象	政府数据	公共数据	公共数据	公共数据	公共数据	政务数据	数据资源
分类原则	科学性 稳定性 实用性 扩展性	兼容性 安全性 科学性 需求导向 可操作性 可扩展性	—	科学性 扩展性 关联性	—	—	科学性 稳定性 实用性 扩展性
分类方法	多维度 线分类法	多维度	—	多维度 线分类法	—	—	多维度 线分类法 面分类法
分级原则	自主定级 明确需求	同分类原则	—	自主定级 综合判定 分级管控	略[2]	分级管控 自主定级 综合判定	科学性 实用性 自主性 客观性

[1] 笔者根据贵州省《政府数据 数据分类分级指南》、《重庆市公共数据分类分级指南（试行）》、湖北省《武汉市公共数据资源开放分级分类指南（试行）》、《上海市公共数据开放分级分类指南（试行）》、浙江省《数字化改革公共数据分类分级指南》、河北省《雄安新区数据资源分类分级指南》、北京市《政务数据分级分类安全保护规范》等公开资料整理得到。

[2] 根据浙江省《数字化改革公共数据分类分级指南》，其公共数据分级应与其分类、开放的类型、范围，审批和管理要求直接相关；应按照就高从严原则确定数据级别；即可判定其分级；公共数据聚合情况、数据体量、数据时效性、数据脱敏处理等因素，应结合具体应用场景因素，应充分考虑敏感数据"，可根据实际内容独立分级；数据集的级别应根据下属数据项的最高级来定级；在多类数据中均出现的"通用数据"，可根据实际内容应用场景定级。

第 7 章 数 据 安 全

续表

项目	贵州省	上海市	湖北省	重庆市	浙江省	北京市	河北省
分级标准	敏感程度	开放条件	开放条件	影响程度	影响程度 影响范围	影响对象 影响程度 影响范围	影响对象 影响程度 影响范围
数据级数	3	3~4	3~4	4	4	4	5
分级变更原则	无	无	无	无	有	无	无
参考标准	GB/T 4754-2011 GB/T 21063.4-2007 GB/T 25069-2010	GB/T 25069-2010 GB/T 35273-2020	—	—	GB/T 38667-2020	GB/T 5271.1-2000 GB/T 35273-2020	GB/T 4754-2017 GB/T 21063.4-2007 GB/T 25069-2010
创新之处	系地方首次	数据反馈要求	首次将有条件开放分为实名认证开放和审核开放	数据全生命周期分级管控要求	数据级别变更	存在一定量化	动态分类分级

其一，科学性。按照公共数据的多维特征及其相互间客观存在的逻辑关联进行科学和系统化的分类。①

其二，稳定性。分类应以政府数据目录中的各种数据分类方法为基础，并以政府数据最稳定的特征和属性为依据制定分类方案。②

其三，实用性。要确保分级结果能够为数据全生命周期的安全策略制定提供有效决策信息，并避免对数据进行过于复杂的分级规划，保证数据分级使用和执行的可行性。③

其四，扩展性。数据分类应具有概括性和包容性，能够实现各种类型公共数据的分类以及满足将来可能出现的数据类型。④

其五，兼容性。对数据的分类应遵循国家、地方、部门法律法规、相关规定的要求。⑤

对公共数据的分类可以在参考《国民经济行业分类》（GB/T4754-2011）、《政务信息资源目录体系第4部分：政务信息资源分类》（GB/T 21063.4-2007）等国家标准的基础上，考虑对主题、行业、服务等综合使用多维度分类法、线分类法⑥

---

① 资料来源：《重庆市公共数据分类分级指南（试行）》。
② 资料来源：贵州省《政府数据 数据分类分级指南》。
③ 资料来源：《雄安新区数据资源分类分级指南》。
④ 资料来源：《重庆市公共数据分类分级指南（试行）》。
⑤ 资料来源：《上海市公共数据开放分级分类指南（试行）》。
⑥ 线分类法也称等级分类法。线分类法按选定的若干属性（或特征）将分类对象逐次地分为若干层级，每个层级又分为若干类目。统一分支的同层级类目之间构成并列关系，不同层级类目之间构成隶属关系。同层级类目互不重复，互不交叉。适用于针对一个类别只选取单一分类维度进行分类的场景。资料来源：百度百科。例如，我国行政区划编码即采用线分类法，6位数字码。第1、2位表示省（自治区、直辖市），第3、4位表示地区（市、州、盟），第5、6位表示县（市、旗、镇、区）的名称。如：北京市海淀区的行政区划编码：110108。

以及面分类法①。以主题为例，采用线分类法对经济管理主题的分类结果如表 7.3 所示。

表 7.3　经济管理主题公共数据分类结果②

代　码	名　　称	代　码	名　　称
…	…		
2	经济管理		
02A	发展计划	02DA	经贸管理部门与机构
02AA	计划制订部门与机构	02DB	经贸管理法规与公告
02AB	发展计划	02DC	经贸信息
02B	经济管理	02E	统计
02BA	经济管理部门与机构	02EA	统计部门与机构
02BB	经济管理制度与法律法规	02EB	统计制度与法规
02BC	经济管理职能	02EC	统计出版与服务
02C	经济体制改革	02F	物价
02CA	经济体制改革机构	02FA	物价部门与机构
02CB	经济体制改革方案	02FB	物价法律法规
02D	经贸管理	02FC	物价监督与服务
		…	…

对公共数据的分级应当满足以下原则：

其一，自主定级。各级公共管理和服务机构在采集、存储、传输、处

---

① 面分类法是将所选定的分类对象，依据其本身的固有的各种属性或特征，分成相互之间没有隶属关系即彼此独立的面，每个面都包含了一组类别。将某个面中的一种类别和另外的一个或多个面的一种类别组合在一起，可以组成一个复合类别。面分类法是并行化分类方式，同一层级可有多个分类维度。面分类法适用于对一个类别同时选取多个分类维度进行分类的场景。资料来源：百度百科。以 18 位的身份证号码为例：前 6 位描述办证机关至县一级的空间定位，采用省、市、县的行政区划代码给码；7 至 13 位是描述生辰时序，由办证个人的出生时间给码；最后 4 位至少包括两重含义，一是同县同日出生者的办证顺序，二是性别，第 17 位奇数为男性，偶数为女性。
② 资料节选自：贵州省《政府数据　数据分类分级指南》附录 A 表 A 贵州省政府数据主题分类类目表。

理、共享、开放、销毁公共数据等行为之前，应按照本规范对各种类型公共数据进行分级。①

其二，综合判定。数据安全等级划分以库表为单位，需结合字段的含义和库表的业务应用场景进行综合判定。②

其三，分级管控。各级公共管理和服务机构确定数据等级后，根据数据等级实施分级管控措施，包括共享、开放、数据分发、脱敏处理等。③

分级标准可以从数据发生泄露、篡改、丢失或滥用后的影响对象、影响程度、影响范围等方面进行考虑。影响对象即为党政机关、公共服务机构、其他机构和自然人；影响程度一般分为一般影响、严重影响和特别严重影响；影响范围可划分为较大范围影响和较小范围影响、强可控影响和弱可控影响。④根据该标准，公共数据分级结果如表7.4所示。

表7.4 公共数据分级结果⑤

数据等级	影响
一级	对党政机关、公共服务机构、其他机构和自然人造成较小范围且强可控的一般影响
一级	对其他机构和自然人造成较小范围且弱可控的一般影响
一级	对其他机构造成较大范围且强可控的一般影响
二级	对党政机关、公共服务机构造成较小范围且弱可控的一般影响
二级	对党政机关、公共服务机构、自然人造成较大范围且强可控的一般影响
二级	对其他机构、自然人造成较大范围且弱可控的一般影响
二级	对其他机构、自然人造成较小范围且强可控的严重影响

---

① 资料来源：《重庆市公共数据分类分级指南（试行）》。
② 资料来源：《重庆市公共数据分类分级指南（试行）》。
③ 资料来源：《重庆市公共数据分类分级指南（试行）》。
④ 资料来源：北京市《政务数据分级与安全保护规范》。
⑤ 资料来源：北京市《政务数据分级与安全保护规范》。

续表

数据等级	影　　响
三级	对党政机关、公共服务机构造成较大范围且弱可控的一般影响
	对党政机关、公共服务机构造成较小范围且强可控的严重影响
	对党政机关、公共服务机构、其他机构、自然人造成较小范围且弱可控的严重影响
	对党政机关、公共服务机构、其他机构、自然人造成较大范围且强可控的严重影响
	对其他机构、自然人造成较大范围且弱可控的严重影响
	对其他机构造成较小范围且强可控的特别严重影响
四级	对党政机关、公共服务机构造成较大范围且弱可控的严重影响
	对党政机关、公共服务机构、自然人造成特别严重影响
	对其他机构造成较小范围且弱可控的特别严重影响
	对其他机构造成较大范围的特别严重影响

公共数据定级流程如图 7.1 所示。首先，先对数据项及数据项集合分别进行定级，分别为 N_i（$i=1,2,\cdots,n$）和 M。其中，数据项的级别 N_{max} 为所有数据项级别中的最大者。然后，取数据项级别及数据项集合级别中的最大者作为本数据的最终定级 L。一般地，各省市还会针对公共数据的不同级别设置相应的共享开放要求，如表 7.5 所示。

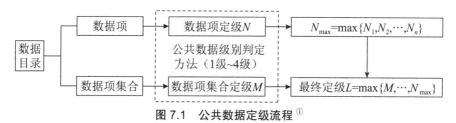

图 7.1　公共数据定级流程[①]

---

① 笔者根据北京市《政务数据分级与安全保护规范》绘制。

表 7.5　各级公共数据的共享开放要求[①]

级　别	共享要求	开放要求
一级	无条件共享	无条件开放
二级	有条件共享	有条件开放
三级		
四级	不予共享／有条件共享	不予开放／有条件开放

地方政府的公共数据分类分级管理在遵循以上一般设计模式的基础上，还在分级标准、类别和级别变更、分级管控要求等方面存在一定创新。

在分级标准上，北京市《政务数据分级与安全保护规范》对于影响范围中的影响规模进行了明确量化，如表 7.6 所示，而其他省市的分级标准大多停留在定性层面。

表 7.6　影响规模的定义[②]

影响规模	定　义
较小范围	数据发生泄露、篡改、丢失或滥用后，影响规模同时满足以下情形： ①影响党政机关、公共服务机构的数量，不超过 1 个； ②影响其他机构的数量，不超过 3 个（含 3 个）； ③影响自然人的数量，不超过 50 个（含 50 个）。
较大范围	数据发生泄露、篡改、丢失或滥用后，影响规模满足以下情形之一： ①影响党政机关、公共服务机构的数量，超过 1 个； ②影响其他机构的数量，超过 3 个； ③影响自然人的数量，超过 50 个。

在数据类别和级别变更上，浙江省《数字化改革公共数据分类分级指

---

① 资料来源：北京市《政务数据分级与安全保护规范》。注意，表格中的共享开放要求均为原则性要求，若采取不同于原则性要求的共享开放方式，应当有法律、行政法规的规定或者相关政策依据。

② 资料来源：北京市《政务数据分级与安全保护规范》。

南》明确了几种数据级别变更情形，河北省《雄安新区数据资源分类分级指南》则提出了动态分类分级设计。浙江省《数字化改革公共数据分类分级指南》指出数据级别变更的主要因素有聚合、体量、时效、加工等，在进行聚合、加工时，应当考虑对处理后的数据进行重新定级，且在定级时应当将原始数据级别作为考虑因素。当数据的体量和时效发生变化时，有关部门也应当考虑对数据进行重新定级。

《雄安新区数据资源分类分级指南》指出，"根据《雄安新区数据资源目录设计规范》和《雄安新区数据资源目录管理办法》中数据资源标签相关要求，将分类方法中应用属性分类项和等级划分项作为公共标签范畴。根据公共数据资源应用需求，各公共管理和服务机构可提出自定义分类方法，将分类项转化为数据资源标签，并按照数据资源标签管理要求纳入标签管理体系，通过动态打标签和修改标签等技术方式，即可实现数据资源的动态分类分级"。

分级管控方面，上海市和重庆市分别提出了针对不同级别的数据使用反馈要求（如表7.7所示）和数据全生命周期管控要求（如表7.8所示）。

表7.7　数据使用反馈要求[①]

级　别	反　馈　内　容
A1	注明数据来源，定期抽查数据使用情况
A2	注明数据来源，实时日志反馈，定期提交利用报告
B1	注明数据来源，定期抽查数据使用情况
C1	注明数据来源，定期抽查数据使用情况
C2	注明数据来源，实时日志反馈，定期提交利用报告

---

① 资料来源：《上海市公共数据开放分级分类指南（试行）》。

表 7.8 数据全生命周期分级管控要求[①]

生命周期	类别	1级	2级	3级	4级
采集	待采集数据保护	—	—	采取数据访问控制等保护措施	
	待采集数据留存	—	—	不得私自留存	
	采集账号权限管理	依据权限最小化原则分配采集账号权限,并通过管控实现账号认证和权限分配,不得采集提供服务所必需以外数据			
	采集设备接入管理	对采集设备 IP 地址、Console、USB 端口访问进行限制,对采集设备接入进行认证鉴权			
	采集监控告警	记录采集日志,对重复采集、采集异常、传输量超过设定阈值情况进行告警			
	数据线下交互过程管控	加强数据线下交互过程管控,对数据线下交互建立审机制及操作流程,防止数据被违规复制、传播、破坏等			要求对线下交互数据采取加密自保存
	网络边界安全防护	在网络边界上针对数据流向做好隔离封堵的限制			
传输	数据传输保护	对传输通道采取合理的加密技术实施手段,对数据报文的加密的鉴别,能够检测到数据在传输过程中完整性是否受到破坏		在满足1级数据传输保护要求的基础上,还需满足:对于跨安全域的数据传输,应采用加密或其他有效措施实现传输保密性	

① 资料来源:《重庆市公共数据分类分级指南(试行)》。

第7章 数据安全

续表

生命周期	类别	1级	2级	3级	4级
存储	数据可用性和完整性保护	—	硬件系统、保证系统高可用性	除满足2级要求外，还需满足：应能够检测重要数据在存储过程中完整性是否受到破坏，并在检测到完整性错误时采取必要的措施；应采用加密或其他保护措施实现数据存储保密性	除满足3级要求外，还需满足：应进行异地灾难备份等措施，提供业务应用的实时无缝切换
	账号权限管理	依据权限最小化原则分配账号权限，通过管控技术手段统一实现账号认证和权限分配不同用户只能访问与自己职责对应的数据			
处理	数据分析挖掘要求	统一提供用于分析的数据及平台，分析结果需通过审核后提供；在数据导入、用户授权、访问控制、模型训练、数据服务接口、数据导出、操作审计等方面制定相应的安全管控措施；防止数据被恶意篡改、展现、无约束滥用、统计等操作，无约束滥用、统计等操作行为	—	针对数据应用的访问，应进行用认证和授权处理；对敏感数据访问应进行模糊化或脱敏；供开发人员使用的测试数据必须经过模糊化处理；介质中的数据必须进行加密保护	除满足3级要求外，还需满足：多人操作保管人无法拥有重要数据操作的完整操作权限
	数据查询展现要求	对敏感信息进行对外查询、展现，必须经过二次操作审批			
	数据下载导出要求	对获取敏感信息和本地下载等敏感操作行为，应通过管理和技术手段予以严格控制			
	特定要求	对于系统间和后台数据的转移/导出行为	—		

续表

生命周期	类别	1级	2级	3级	4级
共享	—	无条件共享 默认：原始数据 可选：脱敏数据、结果数据	有条件共享 默认：原始数据 可选：脱敏数据、结果数据	有条件共享 默认：脱敏数据、结果数据 可选：原始数据	有条件共享 默认：结果数据
开放	—	无条件开放 默认：脱敏数据 可选：结果数据	有条件开放 默认：原始数据 可选：脱敏数据、结果数据	有条件开放 默认：脱敏数据、结果数据 可选：原始数据	不予开放
销毁	存储介质管理	对存储介质进行物理销毁的监督管理措施，确保对销毁的存储介质有登记、审批、交接等			
销毁	资源回收管理	数据删除后应保证系统内的文件、目录和数据库记录等资源所在的存储空间被释放或重新分配给其他用户前得到完全清除；需要为不同数据的存储方式制定不同的逻辑销毁方法，并确保当数据存在多个副本时，所有副本均被安全地删除			
销毁	自然人信息数据	涉及自然人敏感信息的应采用技术手段删除敏感信息，确保信息不可还原			
销毁	销毁日志记录要求	对数据进行销毁时要求对操作过程进行日志记录，建立完善的审计机制并严格执行			
销毁	特定要求	—	删除覆写数据并格式化	删除覆写数据并格式化	删除覆写数据并格式化，然后对磁盘进行消磁

2020年以来，工业和信息化部、全国信息安全标准化技术委员会、国家互联网信息办公室等工业领域、信息领域主管部门陆续出台了四部相关领域数据分类分级指南、管理办法等，如表7.9所示。

表7.9 工业和信息领域的数据分类分级相关文件

文件名称	发布时间
《工业数据分类分级指南（试行）》	2020年3月
《汽车数据安全管理若干规定（试行）》	2021年8月
《工业和信息化领域数据安全管理办法（试行）（征求意见稿）》	2021年9月
《网络安全标准实践指南——数据分级分类指引（征求意见稿）》	2021年9月

《工业数据分类分级指南（试行）》为工业企业和平台企业的工业数据分类提供了参考维度，同时还根据不同类别工业数据遇不利情形、遭非法利用后可能对工业生产、经济效益等带来的潜在影响将其分为三个级别，并详细说明了分级标准及分级管理措施。《工业和信息化领域数据安全管理办法（试行）（征求意见稿）》从三方面建立了工业、电信行业的数据分类分级保护制度：其一，明确了一般数据、重要数据和核心数据的判定标准；其二，构建了"中央-地方-企业"三级联动的数据分类分级识别、保护的工作机制；其三，建立了重要数据和核心数据的全生命周期备案管理制度。

《汽车数据安全管理若干规定（试行）》明确区分了汽车设计、生产、销售、使用、运维等过程中的个人信息、敏感个人信息和重要数据，并规定了汽车数据处理者处理上述三种数据的基本要求，同时还说明了数据存储、数据出境的管理办法。

《网络安全标准实践指南——数据分级分类指引（征求意见稿）》以合法合规、界限明确、就高从严、时效性、自主性为数据分类分级的基本原则，以数据主体作为分类标准，以危害对象、危害程度为分级标准，建立了分类分级标准的基本框架，如图7.2所示。此外，该指引还详细说明了个人信息、法人数据和公共数据的识别规则与分类方案。

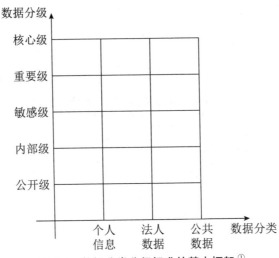

图 7.2 数据分类分级标准的基本框架①

行业应用层面,部分协会、企业、行业主管部门等早于相关政府部门,在《数据安全法》等法律出台之前就已开始对数据实行分类分级管理,这些行业主要集中于信息行业和金融行业。早在 2016 年,中国移动通信有限公司便发布了《中国移动大数据安全管控分类分级实施指南》。该指南将数据分为用户身份相关数据(A 类)、用户服务内容数据(B 类)、用户服务衍生数据(C 类)和企业运营管理数据(D 类)等四大类,用户身份和标识信息(A1)、用户网络身份鉴权信息(A2)、服务内容和资料数据(B1)、用户服务使用数据(C1)、设备信息(C2)、企业管理数据(D1)、业务运营数据(D2)、网络运维数据(D3)、合作伙伴数据(D4)等九小类,按照各级界限明确、就高不就低等原则,将数据分为极敏感级、敏感级、较敏感级、低敏感级等四个级别,并就各级别提出了分级管控的基本要求。

中国证券监督管理委员会于 2018 年即发布了《证券期货业数据分类分级指引》,以系统性、规范性、稳定性、明确性、扩展性为分类原则,以数

---

① 根据《网络安全标准实践指南——数据分级分类指引(征求意见稿)》绘制。

据性质、重要程度、管理需要、使用需要为分类标准，以线分类法为分类方法，将证券期货业数据按照业务条线进行了分类；以依从性、可执行性、时效性、自主性、合理性、客观性为分级原则，以影响对象、影响范围、影响程度为定级要素，将数据分为四级，同时指出了数据分类分级过程中需要重点考虑的几个因素（如数据体量、数据聚合、数据时效性等），并为数据汇集型会管单位、一般会管单位、行业协会、证券公司、期货公司、基金管理公司提供了数据分类分级模板。

中国人民银行也于 2020 年先后发布了《个人金融信息保护技术规范》和《金融数据安全 数据安全分级指南》。前者将账户信息、鉴别信息、金融交易信息、个人身份信息、财产信息、借贷信息等信息内容纳入个人金融信息范围，并按照敏感程度将这些信息分为 C3（用户鉴别信息）、C2（可识别特定个人金融信息主体身份与金融状况的个人金融信息以及用于金融产品与服务的关键信息）、C1（金融业机构内部使用的个人金融信息）三个类别，从生命周期技术、安全运行技术、安全管理等三个方面提出了数据分级保护要求。后者以合法合规性、可执行性、时效性、自主性、差异性、客观性为数据安全定级原则，以影响对象、影响程度为主要定级要素将金融数据分为五级，并提供了定级通用规则、级别变更情形及重要数据识别方法。

此外，医疗健康行业和电力行业也逐渐开始意识到数据分类分级管理的重要性，并陆续开展相应实践、发布相关文件。《信息安全技术健康医疗数据安全指南》将健康医疗数据分为个人属性数据、健康状况数据、医疗应用数据、医疗支付数据、卫生资源数据、公共卫生数据等类别；根据数据重要程度和风险级别以及对个人健康医疗数据主体可能造成的损害以及影响，将数据划分为五级；提出了完全公开共享、受控公开共享、领地公开共享三种共享模式，并说明了医生调阅、临床研究等医疗特殊场景的分级安全措施要点。近期，《深圳供电局有限公司数据资产开放分类分级实施指南（试行）》也已出台。该指南以业务条线总分为思路进行数据分类，将数据分为生产数据、营销数据、管理数据等三大类，生产域、基建域、营销域等11个业务域；以数据安全属性遭到破坏后的影响对象、影响范围、影响程度为标准，将数据划分为5个级别。同时，其设计了原始数据、脱敏数据、标签数据、验真数据和群体数据等五种数据开放形式，这五种形式的风险递减，高级别的数据将采用低风险的数据开放形式。

不难发现，无论是从中央到地方还是从政界到业界，各级政府、社会各界均对数据分类分级管理达成了基本共识，我国正在形成"中央-地方""行业-企业"两大数据分类分级管理规定与实践体系。

需要明确的是，尽管我国的数据分类分级管理体系建设已经初具成效，但是也还存在着定性标准多于定量标准的主要缺陷。以数据分级要素为例，一般地，一旦数据遭到篡改、泄露、破坏将影响的对象、范围和程度是给数据定级的三大要素。然而，纵观上述具体规定，除北京市有关规定为影响范围进行了部分量化外，其余地方政府、有关部门和行业协会均停留在定性描述层面。这很可能会导致不同地方政府、不同部门、不同行业对影响的范围和程度有着不同认识，进而影响数据分级结果，让数据分级趋于主观化，给数据分级带来了操作空间。当然，考虑到评估未发生事件的影响范围、影响程度极为困难，在数据分类分级管理实践初期，定性标准也是可以理解和接受的。但是，若想数据分类分级管理更加科学、稳健、有效，具体标准趋向量化将是数据分类分级管理的必由之路。

第 8 章 数 据 治 理

8.1 概述

数据治理（data governance）是一个宽泛的概念。微观视域下，数据治理是指组织以科学、规范的方式管理数据的一套组织框架（汤滨，2020；张绍华等，2016），由保证数据的可获得性、可用性、完整性、一致性、可审计性和安全性所需的策略、流程、组织与技术构成（DAMA 国际，2020）。数据治理的主要目标为：（1）在数据的完整生命周期中保证高质量；（2）控制数据以支持组织的决策目标。事实上，数据已经成为企业重要的战略资产。管理领袖汤姆·彼得斯曾言："一个组织若没有意识到管理数据如同管理有形资产一样重要，那么它在新的经济时代将无法生存。"笔者认为，数据资产化是数据治理的新趋势。数据资产化广义上是指组织将所持有的数据资源转化为可控制的数据资产实现科学管理、发挥其经济社会价值的历程，狭义上则是将数据作为企业财务报表中的一项资产，在会计意义上得到确认、计量和披露（罗玫等，2023）。为厘清组织内数据的规模、类别、应用路径等，"数据目录"（data catalog）等新型的治理工具出现并得到推广。此外，面向数据生产、流通的标准体系正在形成，提升了数据产品的合规性与可用性。

宏观视域下，数据治理是政府管理的重要任务（孟天广，2022；迪莉娅，2020）。围绕公共数据资源，面向数字时代的市场主体，以经济生产效率这一实证概念和收益公平分配这一规范目标为出发点，在算法规制、数据反垄断、隐私保护等问题上出台解决方案，形成政府、企业、社会多方协同的治理模式，最终建立数据要素的宏观治理体系。

在"数据二十条"中，数据治理是浓墨重彩的一笔。在总体国家安全观的指引下，数据治理需要统筹发展和安全两个方面。在微观层面，压实企业的数据治理责任，具体体现为实现数据的可信流通，发掘数据要素的价值潜能，形成数据管理的标准体系。在宏观层面，依法规制利用数据势力产生的滥用市场支配地位、垄断协议等现象，充分发挥政府有序引导与规范发展的作用。以下将分别从微观与宏观视角介绍若干个近年来数据治理领域广受关注的新模式和新议题，并借此展望数据经济的未来。

8.2 微观视域下的数据治理

8.2.1 数据的资产化治理

数据资产被定义为"合法拥有或控制的、能进行计量的、为组织带来经济或社会价值的数据资源"。[①] 组织能够访问并持有的一切数据，都可称为组织的数据资源，这些数据通常具有碎片化、实时性特征。"数据资产"概念则强调企业在生产或提供服务过程中取得并积累的、拥有控制权的、能用于价值实现的、为企业带来未来经济收益的这一部分数据（司亚清、苏静，2021）。可见，数据资源与企业的经营业务没有必然联系，不仅不一定带来经济利益，还可能因为数据冗余现象增加企业的资本成本（Ackoff, 1967）。但数据形成资产后，在数据开发的全生命周期内，均可实现价值增值。21世纪以来，中国经历了"数据管理""数据治理""数据资产治理"

---

① 资料来源：中华人民共和国国家标准GB/T40685-2021。

三个阶段,由最初的对于内部使用数据的质量及合规性的强调,转向对数据价值释放方式的关注。①

目前,大多数企业都将数据开发作为主营业务的伴生活动,对期内形成的支出作费用化处理,而没有确定为企业资产。因此,会看到那些对数据产品或服务投资力度越大的企业,短期内财务报表上的利润越低。例如,电子商务平台在初创阶段通过"烧钱"积累了海量用户数据,目的是扩张市场形成用户黏性,这些数据的潜在价值短时间内既没有出现在利润中,也没有作为资产项显示,因而造成市场价值与账面价值的巨大鸿沟。

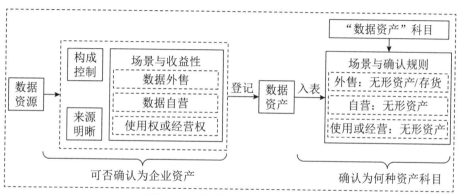

图 8.1 数据资产化的一般路径

资料来源:罗玫等(2023)

将数据作为新型资产在会计报表中进行确认并合理计量其价值,是数据资产化的关键一步。图 8.1 展示了数据资产化的一般路径。数据资产的会计确认分为两个阶段:其一是评估数据资源可否确认为资产,其二是确认为何种资产科目。在第一阶段,数据资产有 3 个确认要件,分别是:(1) 数据的来源清晰;(2) 企业对数据享有控制权;(3) 数据相关的经济利益会流入企业(汤珂,2023)。"数据二十条"确立了资源持有权、加工使用权、产品经营权"三权分置"原则,但与公司财务中的资产控制权

---

① 资料来源:瞭望智库、中国光大银行,《商业银行数据资产估值白皮书》,2021。

间的关系尚未厘定。资产控制权是指企业对特定经济资源进行支配且产生经济收益的权利。罗玫等（2023）指出数据的原始持有权、具备排他性的加工使用权与产品经营权都构成会计意义上的控制。而产生经济利益的渠道，可分为"数据外售""数据自营"和"不持有数据的权利实施"三类场景。企业开发数据产品或服务对外销售的商业模式，被称作"数据业务化"；企业自营数据用于支撑主营业务的商业模式，被称为"业务数据化"。对于同一数据资源，企业可根据利润最大化原则决定数据的应用场景。

在满足确认要件后，数据资源通过登记形成数据资产。登记是指将待确认的数据资产在全社会范围内声明、公示和存证的过程。登记过程需在权威的登记平台上，在登记制度的指引下完成。登记后还需对数据资产进行核验，即检查数据来源的合规性、数据内容的真实性、数据是否存在重复登记等。资产核验可采取人工与算法相结合的查验方式。数据资产质量评估要求对数据的准确性、一致性、完整性、规范性、时效性、可访问性等维度进行测评，在《数据资产评估指导意见》等的指引下通过层次分析法、专家打分法等工具实施。数据资产的价值计量是会计核算的必要环节，通过成本法、收益法、市场法等手段估计资产的账面价值。

数据资产的入表方法依赖于数据的经营场景（罗玫等，2023）。如果开发数据产品或服务进行外售，可分别考虑计入无形资产或存货科目，按照相应规则进行确认。如果采用了数据自营的商业模式，通常而言适用于无形资产的确认规则，但是只有在技术、财务等资源的支撑下完成数据开发且能够使用或出售以产生经济利益方可核算为无形资产。如果以不持有数据的形式行使数据产品经营权，当权利具备一定排他性且产生未来收益时进行确认。

数据资产化的过程，也是企业盘点"家底"，厘清所控制数据资源的成本、应用场景及收益的过程。数据资产化助推企业多收集数据、多共享数据、多发展数据驱动的业务,从而使企业数字化转型的程度得到深化。

所以说,数据资产化的内涵绝不仅在于作为会计意义上的资产入表。从经济发展的角度讲,我们更关注数据资产化的经济后果。在微观层面,企业数据资产管理是数据资产化的重要组成部分,科学合理的管理模式,是释放数据资产价值的关键。

数据资产管理是通过构建一套管理体系,对数据资产进行规划、控制与供给,具体地,包括设计、执行和监督关于数据的计划、政策、项目、方案、流程、程序等,以达成控制、交付、保护和提升数据资产价值的目的。[1] 这一方面能够规范数据的采集、加工、分析、使用流程以提升质量,保障数据安全,另一方面丰富数据资产的应用场景,赋予其价值创造能力,实现数据资产的持续经营。

数据资产管理包含数据模型管理、数据标准管理、数据质量管理、主数据管理、数据安全管理、元数据管理、数据开发管理、数据资产流通、数据价值评估、数据资产运营这十个组成部分。[2] 数据资产管理的初级阶段是将原始数据资源化,提升数据质量以增强其可用性,使数据具备一定的潜在价值。数据资产管理的中级阶段是将数据资源经过权属确认(如登记之后),然后进行质量和价值评估,并将数据资产纳入会计报表或报告的过程。当数字经济形态演化到一定程度,大模型、元宇宙等新型业态的出现使得市场对数据流通的需求出现不可逆的增长态势,此时对数据资产的权属流通、产品开发运营便被纳入数据资产管理体系,且日渐成为数据资产管理的重心。

数据资产运营是企业实施数据驱动、推进数字化转型的一条路径,其目标是实现数据资产价值的最大化。数据资产运营的前提是盘点资源、梳

---

[1] 资料来源:CCSA TC601 大数据技术标准推进委员会。
[2] 资料来源:CCSA TC601 大数据技术标准推进委员会。具体操作指引详见《数据资产管理实践白皮书(6.0 版)》,或 DAMA《数据管理知识体系指南》,此处不再赘述。

理结构，形成多层级的数据目录，最终才能形成能够释放价值产生收益的数据资产。具体地，数据资产运营指的是对数据资产服务及流转情况进行持续追踪和分析，全方位地评价数据资产应用的成效，建立反馈及闭环管理机制，以不断适应数据资产发展中的新应用、新需求。[1]

8.2.2 数据目录

数据目录（data catalog）是数据资产管理的一种具体方法，是企业内数据资产的有组织的清单。它能够帮助数据专业从业者收集、组织、访问和丰富元数据（metadata），以支持数据发现与治理。[2] 企业中的数据资产种类繁杂，包括但不限于以下类别：结构化数据（表格数据）、非结构化数据（文本、网页、邮件、音乐、图像、影片等）、报告与查询结果、数据可视化与数据仪表盘、数据库连接等。[3] 数据目录扮演了企业数据资产"搜索引擎"的角色，如图 8.2 所示。

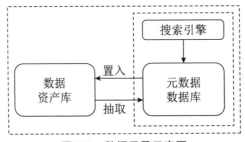

图 8.2 数据目录示意图

资料来源：Olesen-Bagneux（2023）

数据目录建立的关键要素是元数据。元数据是"数据的数据"，反映着

---

[1] 资料来源：CCSA TC601 大数据技术标准推进委员会。具体操作指引详见《数据资产管理实践白皮书（6.0 版）》，或 DAMA《数据管理知识体系指南》，此处不再赘述。

[2] 资料来源：Oracle, *What Is a Data Catalog and Why Do You Need One?*, Available at https://www.oracle.com/big-data/data-catalog/what-is-a-data-catalog/。

[3] 资料来源：IBM, What is a data catalog?, Available at https://www.ibm.com/topics/data-catalog。

数据的事件、交易、对象与关系等。IBM将元数据划分为以下三种类别：①技术元数据；②流程元数据；③业务元数据。技术元数据也称为结构元数据，指通过描述数据对象（例如表格、行、列、索引及连接）的结构来描述数据如何组织并向用户展示。技术元数据的作用在于告知从业人员数据结构，以便利其进行集成和分析。流程元数据也可称作管理元数据，描述了数据资产创建的基本信息，以及何时、如何以及由谁访问、使用、修改或更新数据，同时，还显示了数据访问与使用的权限。流程元数据对数据的权属、来源等进行了明确，是数据登记时需要重点记录的对象。业务元数据有时也称为外部元数据，描述数据资产的业务层面，主要记录数据对企业有经济价值的信息，例如应用场景、业务模式、使用部门等，此外还包含数据资产质量、管理制度、合同约束等信息的说明。

元数据管理，是指通过规划、实行及控制活动，以实现高质量高整合度元数据访问目的的工作。元数据管理活动包括以下9个步骤：①理解元数据需求；②定义、维护元数据架构；③设立、维护元数据标准；④形成可控的元数据管理环境；⑤创建、维护元数据；⑥整合元数据；⑦管理元数据贮存库；⑧分发、交付元数据；⑨查询、报告和分析元数据（DAMA国际，2020）。数据资产往往围绕"域"这一概念进行组织。域是指一组逻辑上相同归属的资产集合，这些资产可能具有一个或多个数据源，例如公司财务数据可同时具有分析数据源和预算数据源（Olesen-Bagneux，2023）。在同一域内，元数据和主数据通过分类树等结构相联系；在域之间，通过元数据的查询、交互和主数据的再组合等方式实现跨部门、跨领域的数据互联。

建设数据目录需要在合理评估自身商业模式的基础上，投资于技术和人力资本领域。首先，创建兼具技术和商业管理的综合性团队。该团队具备数据集成背景，即将不同来源的数据整合到单个数据集中，为用户提供跨场景和结构类型的一致访问及数据交付。其次，在数据生态中寻找云计算等数据基础设施服务商,帮助企业构建数据湖、数据仓库、数据目录等成体系的数据治理解决方案。[1]

8.2.3 数据信托

数据信托被视作一种数据治理的新型方案(翟志勇,2021)。数据信托源起于对数据主体权益保护的主张。数据控制者与数据主体间具有不对等的权力关系:企业攫取、利用和转售用户数据时,个体缺乏资源和渠道保护隐私不受侵害。鉴于此,Balkin(2016)提出了"信息受托人"模式,旨在强调数据控制者对数据主体负有的信义义务。与信息受托人模式并行的是英国的"数据信托"模式。作为信托制度的起源国,英国将数据信托诠释为"类似于其他资产信托形式的关于数据的托管和决定的方案",并强调数据信托的本质是一种可信的数据治理机构。[2]

黄京磊等(2023)设计了一种数据信托的运行机制,如图8.3所示。数据信托包括数据权利人、数据信托方及数据使用者3个主体。数据信托是权利人基于对信托方的信任,将数据的财产权有偿或无偿委托给数据信托方,由信托方基于权利人的意愿,权衡利益和风险,以自己的名义将数据交由数据使用者的模式。数据信托的治理结构中,涵括两个独立的法律关系:①权利人与信托方之间签订的数据信托合同;②信托方与使用者之间签订的数据租赁或开发合同。数据的财产权向数据价值链下游流动,而数据收益则向数据价值链上游流动。

---

[1] 资料来源:AWS Whitepaper, *Enterprise Data Governance Catalog*, Available at https://docs.aws.amazon.com/whitepapers/latest/enterprise-data-governance-catalog/data-governance-catalog.html.

[2] 资料来源:Open Data Institute, A data trust provides independent, fiduciary stewardship of data, https://www.theodi.org/article/what-is-a-data-trust/.

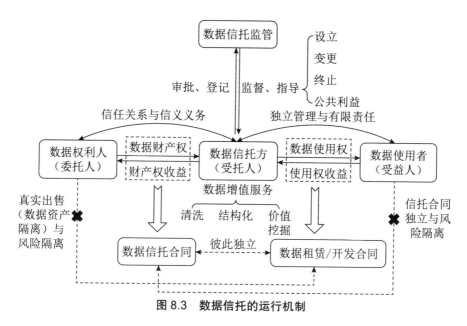

图 8.3　数据信托的运行机制

资料来源：黄京磊等（2023）

与传统的数据流通模式相区别，数据信托具有 3 个主要特征：①数据权利人与数据租赁或开发合同的风险隔离，委托人在转让数据时需要做到"真实出售"，即流转而非仅仅租赁数据的财产权；②数据使用者与数据信托合同的风险隔离，也即数据在开发和使用过程中的法律、财务风险不会传导至数据权利人处；③信托方承担更严格的信义义务，包括忠实义务与审慎义务等。[①]

数据信托的制度优势在于从组织结构与法律关系上为数据治理创设了信任。在第 6 章中，提到数据要素市场的典型特征是低信任、高风险的。为促进数据流通，应对低信任问题的一种技术方案是提升数据产品的合规性。在这里，数据信托从制度层面提供了另一种解决思路。较之于产品或服务直接交易的模式，数据信托具有权利明晰、风险隔离等优点，更适宜

---

① 忠实义务是指信托方要尽可能按照数据权利人的意愿经营数据，审慎义务是指信托方应勤勉谨慎地管理数据以降低数据权利人的风险。

处理个人数据收集流通的场景。

"数据二十条"提出"建立健全个人信息数据确权授权机制",要求"探索由受托者代表个人利益,监督市场主体对个人信息数据进行采集、加工、使用的机制"。由此,信托方市场功能得到了清晰定位。与 Balkin(2016)的构想类似,受托方在数据权利人和数据收集者、使用者之间缓解了权力不平衡问题。在个人数据信托的实践方面,本书简要介绍日本的具备信托组织结构的"信息银行"。信息银行,顾名思义,是以数据作为主要经营内容的"银行",其基于与个人的合同以及个人数据存储系统,是进行个人数据管理、根据个人指示或预定条件把数据提供给第三方的经营机构,由柴崎亮介在 2012 年首次提出。信息银行的基本架构中存在三个主体:数据主体、信息银行和监管机构。信息银行的基本工作流程如图 8.4 所示。首先,数据主体需要到信息银行的服务窗口签署个人数据存储的合同(也可采取智能合约形式);信息银行在对这些数据脱敏后告知数据主体数据用途并征求其同意,经授权后再提供给使用这些数据进行盈利性活动的企业,信息银行据此获得回报;另外,信息银行将向个人支付现金、折扣券、积分、服务信息等作为对其提供数据的对价。如某公民将其个人体检数据存入信息银行,那么其就有权获得健康咨询的免费服务。又如,三菱 UFJ 信托银行的信息银行服务 DPRIME 通过内置传感器的鞋子收集步行记录并在手机应用程序上进行管理,用户自主选择可提供的信息并许可企业使用后便可得到报酬(用户每天走路即可换钱),企业可将信息用于本公司的商业分析。不同信息银行间也可以进行合作,监管机构则对信息银行的数据存储、脱敏、分析等全生命周期活动进行监督和管理。

"数据二十条"提出公共数据流通的制度设计应包含"推动用于公共治理、公益事业的公共数据有条件无偿使用,探索用于产业发展、行业发展的公共数据有条件有偿使用",可分别对应于数据信托中的公益信托与私益信托。在这方面,英国的数据信托实践提供了一些案例。"数据信托计划"

旨在将关于数据信托的理论构想落地实践。目前已有一批数据信托试点在该计划的指导下成立，包括"Brixham"信托、"生在苏格兰"信托等代表性项目。Brixham项目在英国开发了一个动态演化的数据生态系统，探索数据信托如何推动该沿海社区的公民参与环境治理。该试点构建了社区安全使用与共享数据的能力，最终使当地公民受益。"生在苏格兰"信托则围绕一项关于出生队列的科学研究建立了一个可信的数据管理基础设施，管理从孕妇及其子女那里收集的医疗、行政与社会数据，旨在寻求解决影响苏格兰社区的经济和医疗不平等问题。

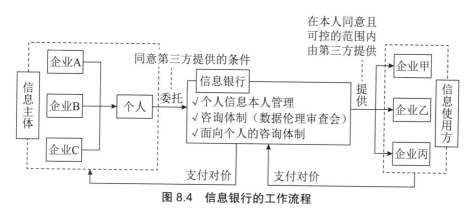

图8.4　信息银行的工作流程

资料来源：日本经济产业省，《信息信任功能认证指南（2.0版本）》(《情報信託機能の認定に係る指針 ver2.0》)

8.2.4　大数据标准体系

大数据标准化是各国促进大数据产业发展的重要措施和基础。数据标准是指企业为保障数据的内外部使用、交换的一致性和准确性而制定的规范性约束，而数据标准管理则是通过统一的数据标准制定和发布，结合制度约束、系统控制等手段，实现数据的完整性、有效性、一致性、规范性、开放性和共享性管理。[1] 建立一套完整、可行的大数据技术标准体系，对于

---

[1] 资料来源：GB/T34960.5-2018 信息技术服务治理第5部分：数据治理规范。

支持高效数据处理、深层数据分析有着深远的影响。

国内外十分重视大数据标准的研究。2013年11月，国际标准化组织/国际电工委员会第一联合技术委员会（ISO/IEC JTC1）成立负责大数据国际标准化研究工作的大数据研究组（ISO/IEC JTC1 SG2），以调研各标准化组织在大数据领域的关键技术、参考模型以及用例等。我国同样非常重视大数据标准化工作。在中华人民共和国工业和信息化部以及国家标准化管理委员会的领导下，2014年便成立了全国信标委大数据标准工作组，于2015年12月、2018年3月、2020年9月、2023年5月相继推出《大数据标准化白皮书V2.0》《大数据标准化白皮书（2018版）》《大数据标准化白皮书（2020版）》《大数据标准化白皮书（2023版）》等。此外，中国还于2018年正式发布了数据管理领域首个国家标准"数据管理能力成熟度评估"（DCMM），包括8个能力域，28个能力项，帮助企业了解自身数据管理水平，发现企业数据管理建设过程中存在的问题，并指出企业未来数据管理能力建设方向。

目前国际标准组织和协会如表8.1所示。

表8.1 国际标准组织和协会

标准组织和协会	范围
ISO/IEC、JTC1、SC7、SC27、SC38、ITU-T、SG13	国际标准化组织
DMTF、CSA、OGF、SNIA、OCC、OASIS、TOG、ARTS、IEEE、CCIF、OCM、OMG、IETF、ODCA、CSCC	国际标准化协会
ETSI、Eurocloud、ENISA	欧洲
CCSA、GICTF、ACA、CCF、KCSA、CSRT	亚洲
NIST	美洲

大数据标准化是根据预定标准对大数据进行规范化治理的过程。大数据标准体系包括大数据通用技术标准、大数据产品标准、大数据行业应用标准、大数据安全标准等。

通用技术标准涉及数据加工处理的一般步骤。《GB/T 34960.5-2018 信息技术服务治理第 5 部分：数据治理规范》将大数据处理的生命周期划分为如下阶段：数据获取（包括数据采集、数据共享）、数据存储与管理、数据预处理、数据分析（包括检索、可视化等）、数据应用、数据呈现、数据归档等。

产品标准规定如何定义和甄别合乎规范的大数据平台和产品。大数据产品按功能范围和应用规模大小可分为系统级产品和工具级产品。系统级产品主要指大数据通用系统、大数据存储与处理系统和大数据分析系统，例如著名的甲骨文（Oracle）数据库系统；工具级产品更为常见，开发难度也相对低，往往作为系统级产品的模块出现，或为系统级产品提供维护服务。

行业应用标准针对各行业大数据的实际应用提出了相关要求。大数据行业应用可分为两部分：一是数据量大的行业领域应用，例如电子商务、工业制造、交通物流、商贸零售、金融、能源、传媒、电信等；二是综合管理及科学研究领域的应用，例如医疗卫生、终生教育、社会保障、公共安全、城市规划、智慧交通等（肖筱华、周栋，2014）。行业应用标准的制定需要国家进行引导、组织和倡议，更需要各个行业自发进行协商、梳理和提议，以减少数据流通过程中的不确定性及交易成本。

大数据安全标准是标准体系中最重要的组成部分之一，贯穿于数据交易生命周期的各个阶段。大数据安全标准需回答一系列与数据分级、数据匿名化、数据泄露、数据监管的问题，如：使用个人信息时，哪些数据需要匿名化；允许交易的匿名加工信息的认定机构、标准、流程；个人信息泄露之后各方的义务和责任分配；以及如何告知用户及监管部门并进行救济等。大数据安全分级对于保障数据安全、防止数据泄露具有重要意义。对个人数据的分类分级，按照隐私内容可检索性分为个人公开数据、风险程度中等或个人与数据收集者容易发生利益冲突的个人数据和个人隐私数据。个人公开数据，在合法使用的前提下，原则上数据收集或发布企业及其他第三方都享有使用权，但第三方也应该遵循一些基本义务，例如注明数据来源等。针对风险程度中等或个人与数据收集者容易发生利益冲突的个人数据，应当充分尊重个人的自决权利体系，例如知情同意权、拒绝权和删除权等；同时辅以个人与数据收集者的共决和损害补偿来确定数据占有权的转移。涉及个人隐私的敏感数据，主要指"一旦泄露、非法提供或滥用可能危害人身和财产安全，极易导致个人名誉、身心健康受到损害或歧视性待遇等的个人信息"，严格受到隐私权、自由权等人格权不受侵犯的保护；对个人敏感信息严格脱敏之后，个人信息不可见，因而可作为数据产品参与交易。此外，还有一类数据，涉及危害国家安全和社会稳定的、涉及特定个人权益的或涉及企业商业秘密的，应列入"数据流通负面清单"，杜绝其在数据市场上出现。

8.3 宏观视角下的数据治理

8.3.1 算法规制

互联网平台作为数字经济的基本组织与核心单元，在经济系统中扮演的角色愈加重要。平台企业作为信息中介，以数据为生产要素，以算法为生产技术，解决搜寻匹配难题，降低交易成本，提升了经济效率。但同时，作为数据的流动通道与聚合器，结合算法技术，大型平台能够实施算法合谋、算法价格歧视等行为，对市场竞争或消费者福利造成威胁。

2023年初，ChatGPT凭借其强大的自然语言处理能力爆火，大语言模型、通用人工智能等概念走进大众的日常生活，微软、谷歌、阿里等互联网巨头展开人工智能领域的军备竞赛。数十年来，人们终于又一次看到了技术改变生产模式的曙光，但与此同时，人们对深度学习模型等"黑箱"对人类社会带来的威胁的担忧也达到了前所未有的程度。算法滥用、算法歧视等现象已成为数据经济时代不容小觑的社会问题。因此，对数据治理、算法规制的呼唤声，也随着大语言模型的普及而愈发强烈。

Acemoglu（2021）综述了人工智能技术可能带来的经济、社会和政治成本。经济层面，人工智能的使用可能会丰富消费者的购物选择，但同时数据密集型企业可能会借助网络效应取得更大的市场份额，造成"赢者通吃"的局面；算法推荐技术一方面降低了消费者的搜寻成本，但另一方面可能会存在行为诱导或操纵嫌疑。社会层面，数据的收集和算法的引入对劳动者构成更严格的劳动控制，助推了过度监视行为，进一步降低了劳动者的议价能力；此外，人工智能对"白领阶层"的替代，也造成了新的结构性失业现象，放大了潜在的社会冲突。政治层面，算法推荐系统造成了"信息茧房"效应，形成政治观点的两极化，种族、性别等议题被算法输出后得到歧视性的结果，加剧了群体间对立。

张丰羽和汤珂（2023）研究了数字时代算法滥用问题，并提出了规制思路。算法的本质是解决问题的数学过程，其基本框架和底层逻辑都掌握在规则制定者手中。仅从计算结果来看，算法歧视是由多层级嵌套计算引致的偏误造成，还是出于算法控制者的有意操纵，是难以甄别的。Kleinberg 等（2018）通过在算法中输入带有种族变量的美国大学生成绩数据集发现，使算法对种族视而不见的策略无意中损害了公平性。可见，对算法进行审计、对算法控制者义务的强调是治理的必要举措。具体地，构建分场景算法审查、监管和评议的综合技术规制框架，形成算法伦理基础上的外部监管问责、平台责任义务相结合的法律规定体系，设置数据主体算法权利保障（张丰羽、汤珂，2023）。

8.3.2 数据反垄断

理论上讲，数据本身并不足以构成市场进入壁垒，尤其是对于互联网上大量的开放的、与隐私信息无关的数据而言。首先，数据通常可从多种源头、通过多种方式收集。即便不同平台因采集技术与渠道存在差异而得到非同质化的数据，这些数据集之间也具有一定的替代性。例如，Lerner（2014）发现，就广告投放的精准度方面，亚马逊公司（Amazon）利用其用户行为数据进行个性化推送的效果与谷歌公司（Google）相差无几。如果数据是可得的，而且是可替代的，数据的公共属性便能够得到较充分的体现。其次，数据是数字经济时代重要的生产要素，但仅仅拥有大数据资源，并不能确保在竞争中取得成功。如果平台企业无法从数据中提炼出有益于确定其竞争优势的信息，数据体量再大也是徒劳。此外，我国对数据流动总体上持支持态度，强调"数据要素自主有序流动，充分激发数据要素价值"，从政策上充分肯定了数据共享与交易的价值，同时也有效防范了企业"数据自留"等构筑壁垒的行为。

尽管数据自身由于具有公共属性而难以作为进入市场的壁垒，但特定数据集的访问往往具有排他性，且这种排他性与用户黏性密切相关。当某一平台的用户黏性越高，用户转移到其他同类型平台的可能性就越小，用户选择多栖的概率也越低，那么其他平台成功获取该用户群体行为数据的概率也越低；另一方面，平台掌握的用户数据量越大，越有可能提供更优质的个性化服务，形成规模经济，吸引更多的用户加入，获得更多数据，实现正反馈。数据访问的排他性与用户黏性的交互作用，使得平台领域的竞争存在"先发优势"。例如，QQ与微信在我国的即时通信行业立足后，已逐渐发展为国民生活不可或缺的"准公共物品"，其他聊天通信软件再难进入相关市场。

出于对先发优势的追求，平台企业的竞争焦点已从产量与价格转移到数据上来。即便掌握更多的数据量并不能保证平台在竞争中取胜，平台依旧有足够动机吸引更多用户加入并收集这些用户的个人信息。如果平台收集到的数据具有较低的可替代性，且平台对该数据访问权的限制影响到市场的竞争效应，此时有充分理由认为特定数据构成市场进入壁垒，是平台市场支配地位的体现，或者称平台具有"数据势力"。

《关于平台经济领域的反垄断指南》的出台充分体现出对平台"数据势力"的顾虑。指南第十四条指出，数据对于参与市场竞争的必要性、数据的可替代性、数据开放的技术可行性与数据开放对数据占有者可能构成的影响，是认定特定数据集构成"必需设施"时的四大要件。若数据集对竞争是不可或缺的，或者相关数据难以收集，抑或是市场上不存在数据集的替代品，按照指南要求，占有数据的平台企业此时有义务开放必需数据集。

但是，数据开放并不意味着既有市场势力的平台的支配地位就一定得到削弱。这一方面是由于双边市场网络外部性带来的锁定效应，即便其他竞争者获得头部平台的数据，也难以吸引栖居在头部平台的现有用户以扩大市场份额；另一方面，即便是提供同一类型的服务，平台企业之间也往往具有异质性。对于某平台意义非凡的关键数据，于其他平台而言可能毫无用处、一文不值。当某平台受到反垄断关切并被要求开放作为"必需设施"的数据时，该平台其实已具备市场支配地位，数据开放对于抑制平台支配地位的作用有限。

8.3.3 隐私保护

互联网和大数据的快速发展，为数字经济带来良好发展机遇的同时，亦造成大量的数据泄露事件。根据中国网络安全审查技术与认证中心数据，仅在 2020 年前 6 个月中，国内外就发生了 20 起重大的数据泄露事件，造成惨重的代价。调研显示，数据泄露的平均周期为 279 天，且泄露事件发生后 200 天左右才能发现，另需超过 70 天的时间方能控制发展态势。部分泄露的数据涉及上亿用户的私人信息，在暗网进行拍卖，对用户隐私、财产安全甚至人身安全造成严重威胁，而又难以追查。本小节将以震惊世界的"Facebook 剑桥门"事件为案例，探讨数据泄露的负面影响以及数据安全的重要性。

2018年3月17日,英国《卫报》和美国《纽约时报》揭露剑桥分析(Cambridge Analytica)政治咨询公司未经授权搜集并滥用Facebook社交平台上超过5000万名用户的私人信息数据。随后,Facebook官方自曝此次数据泄露事件对大致8700万用户造成影响。[①]据调研,剑桥分析将非法收集到的数据应用于美国总统竞选活动中,并为特朗普(Trump)团队服务。该事件一经曝光,立刻引起全球范围内的轩然大波。公众不仅因为政治选举遭到操纵而感到愤怒,更因为个人信息遭到滥用感到担忧。2018年4月中旬,Facebook总裁马克·扎克伯格出席美国国会听证会,就"Facebook剑桥门"事件致歉,并选择接受国会议员的审问,这一事件再度引发各国媒体关注。人们开始意识到,各大社交平台依赖用户数据的商业模式获得传统社交媒介无法企及的成功的同时,对政治民主和用户隐私的威胁也到达了前所未有的高度。

Facebook"剑桥门"事件可追溯到2010年。Facebook向开发者推出Open Graph平台,允许外部开发者接触平台用户,并可通过请求的方式访问用户个人数据,甚至是其好友的数据。2013年,剑桥大学心理学系教授Aleksandr Kogan开发了一款名为"This is My Digital Life"的性格测试应用,一时引发网友测试热潮。据称有近30万用户参与测试,8700万用户数据被收集。随后Kogan无视Facebook对于开发者访问规则的调整,私自将不正当获取的数据集转交给剑桥分析公司。剑桥分析利用非法数据进行有关选民政治偏好的分析,定位具有可塑性的选民并借助政治广告的精准投放、虚假宣传等手段,操纵政治选举。

事件发酵后,Facebook面临大量调查。美国联邦贸易委员会怀疑

[①] Dinha, F. (2018, May 3). *The Cambridge Analytica Scandal Has People Quitting Facebook but Business Pages Are Untouched.* Entrepreneur. https://www.entrepreneur.com/article/312126。

Facebook 违反了此前与美国政府达成的一项有关用户隐私保护的和解协议。美国国会督促 Facebook CEO 扎克伯格先后两次出席听证会，并提出质询意见。刚刚经历"脱欧公投"事件的英国也对"剑桥分析"事件表现出高度关注，对 Facebook 展开多次调查，并围绕隐私权进行辩论。Facebook 分别做出谨慎回应，一方面通过渲染数据挖掘的商业模式来转移公众注意力，另一方面积极致歉并迅速出台新的用户数据保护协议。Facebook 的谨慎公关最终帮助公司成功度过危机，但既未能打消公众关于隐私问题的疑虑，也未能在实质上解决数据安全问题。

抛开政治影响不谈，"Facebook 剑桥门"事件被定性为"对个人隐私的侵犯"。欧洲议会主席塔亚尼声称 Facebook 用户数据遭到不当使用是"对公民隐私权的侵犯"，是不可接受的。Facebook 对此进行反驳，认为该事件中并未涉及任何用户密钥的泄露，所有已泄露的信息均是用户公开在其个人主页的信息，并不涉及"隐私的侵犯"。Facebook 的回应似乎不无道理。首先，用户填写问卷公开信息的行为是自愿的，公布的私人信息不能称为"隐私"；其次，Facebook 并非整个事件的策划者，而不过是为开发者提供了一个 API。但详细分析，会发现 Facebook 也难辞其咎。

其一，平台用户允许开发者获取自己的个人数据，并不等同于他们对数据用途知情。事实上，参与测试的用户既缺乏意识也没有渠道了解自己信息的去向。即便平台要求用户同意数据使用和保护协议，通常也不会有人认真阅读协议内容。如果用户受到应用包装的"蛊惑"而提交了私人信息，此时不能认为用户愿意公开自己的这部分数据，因为用户可能根本没有意识到自己的数据被收集并存在被应用于小测试之外的可能。如果用户提供的数据是自己不愿泄露的，其隐私就遭到了泄露。退一步讲，即便用户隐私没有遭到侵犯，用户缺乏对数据用途的了解，本身即是对个人数据权的侵犯。目前，微信等社交平台上存在大量小程序套用"性格测试""恋爱测试"的外壳，给予用户一些虚假结果，收集用户数据，而这一过程中并未涉及隐私保护协议，存在隐私泄露风险。

其二，参与测试的 30 万用户不仅公布了自己的个人信息，也在其好友不知情的条件下提供了大量好友的个人信息，这再次违背了"自愿"和"知情"的原则。最后，数据集泄露为隐私侵犯提供了前提。公众仅了解剑桥分析将数据用于总统竞选分析，但对数据集的其他去向一无所知。如果泄露出去的用户画像为破解用户账户或监视用户生活提供了资料，就构成了对用户隐私的侵犯。而 Facebook 作为用户个人数据的存储和管理者，有责任保护用户的个人隐私和数据安全。

另外，"Facebook 剑桥门"事件还带来一些潜在的负面影响。事件发酵仅两个月后，欧盟便出台了史上最严格的数据保护条例《通用数据保护条例》（General Data Protection Regulation，GDPR），空前增加了对个人数据的保护程度。由于剑桥门事件的影响，GDPR 几乎没有遭遇美国的任何阻挠，全球化历程畅通无阻。GDPR 的出台大幅增加了互联网企业和数据公司的运营成本，减少其营业额，并重塑其商业模式。当然，这对于 Facebook 等一类互联网巨头不会有太大影响，正如扎克伯格所言，"预计不会对整体收入和业务模式做出重大调整"。[1] 然而，这对于自由的数据流动而言是一次巨大的打击，那些依靠数据收集与流通的企业将面临灭顶之灾。互联网巨头将进一步加强对数据源的垄断，这无疑是对数据共享的损害，是数字经济的负担。

针对平台的隐私侵犯行为，可考虑在事前进行规制。目前，已存在对平台企业滥用市场支配地位实施"大数据杀熟"行为的规制制度和技术实践。2010 年末，美国联邦贸易委员会在其隐私报告中提出"请勿跟踪"（Do Not Track）机制，旨在赋予用户控制 Cookie 的权限。Cookie 是指为识别

---

[1] Spangler, T., 和 Spangler, T. (2018, April 17). Facebook Is Bruised but Far from Broken after Congressional Scolding. *Variety*. https://variety.com/2018/digital/news/facebook-congressional-hearings-mark-zuckerberg-business-analysis-1202755118/.

用户身份而记录在本地的用户行为数据。平台调用 Cookie，一方面提供内容推荐、信息检索、供需匹配等个性化服务，另一方面对用户形成画像，以更精准地投放广告或实施歧视性商业策略。美国联邦贸易委员会提出的"请勿跟踪"机制并不具有技术强制性，而更类似于一种软约束，依赖行业自律与企业承诺。以经济学的视角看待，只要实施算法价格歧视时的利润大于统一定价时的利润，平台企业便无法承诺统一定价，进而无法承诺不跟踪用户。

"请勿跟踪"机制提出后，部分浏览器开发商给予积极回应，例如用户使用谷歌 Chrome 浏览器访问与个人账户相关的网站时，浏览器都会提示用户选择允许网址访问 Cookie 数据。这一改进从技术上赋予了用户信息自决的权利。而如今广受诟病和质疑的互联网企业都将移动 APP 作为与用户交互的平台接口，规避了浏览器的"请勿跟踪"机制，实质上掌握了用户数据的所有权。部分 APP 在用户初次使用时，会与用户签订服务协议，服务协议中包含有允许平台收集并使用用户数据的条款。绝大多数用户在面对服务协议时都选择直接跳过，或未意识到协议中内容的法律含义，从而纵容了平台对于用户数据的过度收集和违法滥用行为。针对移动 APP 的隐私侵犯问题，苹果公司率先推出新规定，在 iOS14.5 系统版本中纳入"允许 APP 请求跟踪"机制。移动互联网时代，手机、iPad 等电子设备几乎成为消费者随身携带的必需品，而每一台电子设备都有独一无二的识别码。iOS 系统的设备识别码为 IDFA 码，移动 APP 正是通过获取该码对消费者进行个性化的画像。iOS14.5 系统版本以前，系统默认 APP 有采集用户 IDFA 识别码的权限，尽管用户也可以手动选择关闭，但实际上很少有用户会关注到这一功能。iOS14.5 版本更新将 APP 采集设备识别码的默认权限由"打开"转变为"关闭"，即将选择退出（Opt-out）机制修改为选择进入（Opt-in）机制，较大程度上推动了用户对于隐私问题的关注。

本章参考文献

Acemoglu, D. (2021). *Harms of AI* (No. w29247). National Bureau of Economic Research.

Ackoff, R. L. (1967). Management Misinformation Systems[J]. *Management Science*, 14(4), 147–156.

Balkin, J. M. (2016). Information Fiduciaries and the First Amendment[J]. *UC Davis Law Review*, 49, 1183.

Kleinberg, J., Ludwig, J., Mullainathan, S., & Rambachan, A. (2018, May). Algorithmic Fairness. In *AEA Papers and Proceedings* (Vol. 108, pp. 22-27).

Lerner, A. V. (2014). The Role of 'Big Data' in Online Platform Competition. *Available at SSRN 2482780*.

Olesen-Bagneux, O. (2023). *The Enterprise Data Catalog: Improve Data Discovery, Ensure Data Governance, and Enable Innovation*, O'Reilly Media.

DAMA 国际. 2020. DAMA 数据管理知识体系指南 [M]. 北京：机械工业出版社.

迪莉娅. 2020. 政府部门基于大数据的决策模式研究 [M]. 北京：知识产权出版社.

罗玫、李金璞、汤珂. 2023. 企业数据资产化：会计确认与价值评估 [J]. 清华大学学报（哲学社会科学版），第 4 期：218–233 页.

孟天广. 2022. 数字治理生态：数字政府的理论迭代与模型演化 [J]. 政治学研究，第 5 期：13–26 页.

司亚清、苏静. 2021. 数据流通及其治理 [M]. 北京：北京邮电大学出版社.

汤滨. 2020. 大数据定义智能运维 [M]. 北京：机械工业出版社.

汤珂. 2023. 数据资产化 [M]. 北京：人民出版社.

肖筱华、周栋. 2014. 大数据技术及标准发展研究 [J]. 信息技术与标准化，第 4 期：34–38 页.

翟志勇. 2021. 论数据信托：一种数据治理的新方案 [J]. 东方法学，第 4 期：61–76 页.

张丰羽、汤珂. 2023. 数字时代的算法滥用及其规制研究 [J]. 经济学动态，第 2 期：71–87 页.

张绍华、潘蓉、宗宇伟. 2016. 大数据治理与服务 [M]. 北京：上海科学技术出版社.